Introducción
a la filosofía de la praxis

Antonio Gramsci
Introducción a la filosofía de la praxis

Selección y traducción de J. Solé Tura

ISTPART

© Círculo de Cultura Socialista
Edita: Editorial Doble J
C/ Brasil 11, 2º i
41013 Sevilla
www.culturamoderna.com
editorialdoblej@editorialdoblej.com
ISBN: 978-84-96875-54-8

Índice

Presentación I

Primera Parte: Introducción al estudio de
la filosofía y del materialismo histórico 1

1. Algunos puntos preliminares de referencia. 3
2. Problemas de filosofía y de historia 29
3. La ciencia y las ideologías «científicas» 71

Segunda parte: Algunos problemas para el
estudio de la filosofía de la praxis 81

Notas 135

Presentación

Perseverando en la línea iniciada con la publicación de la antología *Cultura y literatura*[1] ofrecemos hoy a los lectores de habla castellana una nueva serie de escritos de Antonio Gramsci, el gran pensador italiano.

Los textos que recogemos en esta obra corresponden a diversos cuadernos de la cárcel, agrupados en el volumen *Il materialismo storico e la filosofia di Benedetto Croce,* de la serie de obras completas de Gramsci editadas por Einaudi.[2] Se trata, concretamente, de la mayoría de los textos de las partes I y II de dicho volumen. En principio, la selección se había hecho en función de una antología más considerable de obras filosóficas y políticas pero, por diversas circunstancias, la presente edición se reduce a los epígrafes «Introducción al estudio de la filosofía y del materialismo histórico» (con excepción de los apartados «Los instrumentos lógicos del pensamiento y «Traducibilidad de los lenguajes científicos y filosóficos», que no se incluyen) y «Algunos problemas para el estudio de la filosofía de la praxis».

1 Ed. Península, Barcelona, 1967.
2 Tercera edición, 1953.

La presente antología recoge, pues, los principales textos filosóficos, en sentido estricto, de Gramsci y, concretamente, aquellos en donde se expone con más claridad lo que se ha dado en llamar su historicismo. Son textos de máxima actualidad, pues la critica althusseriana del historicismo marxista se ha hecho, precisamente, a través de la obra de Gramsci.[3] El lector de habla castellana dispondrá, pues, de materiales de primera mano para captar los términos de la polémica.

Cabe decir, por lo demás, que el historicismo gramsciano se sitúa de lleno en la gran lucha actual por la superación de la crisis de la filosofía de la praxis. No se debe olvidar que este historicismo es parte de la reacción del movimiento marxista contra el mecanicismo de la II Internacional, después de la formidable conmoción de 1917. El historicismo tuvo, entonces, un carácter eminentemente izquierdista. Al producirse, más tarde, la denuncia del stalinismo, el historicismo adquirió nuevo vigor y el problema estriba en saber si este auge es ahora «derechista», como afirma Althusser[4] o si, por el contrario, es la vía que conduce a la superación de la crisis, como pretenden tantos otros autores.[5]

La obra de Gramsci es, pues, plenamente actual, como se comprobó en el Congreso de Estudios Gramscianos celebrado en Cagliari (Cerdeña) del 23 al 27 de abril de 1967. Allí se enfrentaron todas las tendencias, desde la radicalmente critica y negativa que identificaba a Gramsci con los peores excesos del historicismo poststaliniano, hasta la nacional-patriótica, que quería ver en Gramsci un héroe nacional, situado por encima de las tensiones internas de la sociedad

---

3 Cfr. al respecto la critica del historicismo gramsciano por Louis Althusser, en *Lire le Capital,* ed. refundida, París, 1968, vol. I, pp. 150-184.
4 Op. cit., p. 151.
5 Cfr. al respecto, Franz Marek, *Gramsci e il movimento operaio dell'Europa occidentale,* en *Prassi rivoluzionaria e storicismo in Gramsci,* cuaderno especial, núm. 3 de «Critica marxista», Roma, 1967, pp. 200-207.

italiana.[6] Entre estas dos posiciones extremas, se hicieron esfuerzos muy serios para situar a Gramsci en una línea verdaderamente renovadora, contra la esclerosis dogmática y la delicuescencia idealista, al mismo tiempo. Ésta es, a nuestro entender, la orientación más fecunda para extraer del pensamiento gramsciano su auténtica aportación.

Al decir esto, queda claro que no pretendemos únicamente suministrar al lector de habla castellana un elemento de información. Queremos, además de esto, darle un instrumento de análisis. Lo contrario sería traicionar el pensamiento y la obra de Gramsci.

J. Solé-Tura

---

6 En la sesión de apertura, un dirigente demócratacristiano comparó la figura de Gramsci con la de Don Sturzo y en la sesión de clausura otro dirigente de la misma formación política pidió una edición nacional de las obras de Gramsci a cargo del Gobierno italiano.

Primera Parte
Introducción al estudio de la filosofía y del materialismo histórico

I Algunos puntos
PRELIMINARES DE REFERENCIA

Hay que destruir el prejuicio, muy difundido, de que la filosofía es algo muy difícil por el hecho de ser la actividad intelectual propia de una determinada categoría de científicos especialistas o de filósofos profesionales y sistemáticos. Por consiguiente, hay que empezar demostrando que todos los hombres son «filósofos» definiendo los límites y las características de esta «filosofía espontánea», propia de «todo el mundo», es decir, de la filosofía contenida: a) en el lenguaje mismo, que es un conjunto de nociones y de conceptos determinados y no sólo de palabras gramaticalmente vacías de contenido; b) en el sentido común y en el buen sentido; c) en la religión popular y, por consiguiente, en todo el sistema de creencias, de supersticiones, de opiniones, de modos de ver y de actuar que se incluyen en lo que se llama en general «folklore».

Después de haber demostrado que todos son filósofos, aunque sea a su manera, inconscientemente, porque en la más mínima manifestación de una actividad intelectual cualquiera, el «lenguaje», se contiene ya una determinada concepción del mundo, se pasa al segundo momento, al momento de la crítica y de la conciencia, es decir, a la cuestión de si es preferible «pensar» sin tener conciencia crítica de ello, de modo disgregado y ocasional, esto es, «participar» en una concepción del mundo «impuesta» mecánicamente por el ambiente exterior y, por tanto, por uno de los grupos sociales en que todos nos vemos automáticamente inmersos desde nuestra entrada en el mundo consciente (que puede ser el pueblo donde vivimos o la provincia, que puede tener origen en la parroquia y en la «actividad intelectual» del cura o del viejo patriarca que dicta leyes con su «sabiduría», en la mujer que ha heredado la sapiencia de las brujas o en el pequeño intelectual agriado por su propia estupidez y por su impotencia en la acción), o es preferible elaborar la propia concepción del mundo consciente y críticamente y, en conexión con esta labor del propio cerebro, elegir la propia esfera de actividad, participar activamente en la producción de la historia del mundo, ser guía de uno mismo y no aceptar pasiva y supinamente que nuestra personalidad sea formada desde fuera.

Nota I.
Por la propia concepción del mundo se pertenece siempre a una determinada agrupación y, concretamente, a la de todos los elementos sociales que comparten un mismo modo de pensar y de operar. Siempre se es conformista de algún tipo de conformismo, siempre se es hombre masa u hombre-colectivo. La cuestión es ésta: ¿de qué tipo histórico es el conformismo, el hombre-masa al que se pertenece? Cuando la concepción del mundo no es crítica y coherente sino ocasional y disgregada, se pertenece simultáneamente a una multiplicidad de hombres-masa; la propia personalidad se compone de elementos extraños y heterogéneos: se encuentran en ella elementos del hombre de las cavernas y principios de la ciencia más moderna y avanzada, prejuicios de todas

las fases históricas anteriores mezquinamente localistas e intuiciones de una filosofía futura, como la que tendrá el género humano unificado mundialmente. Criticar la propia concepción del mundo significa, por consiguiente, hacerla unitaria y coherente, elevarla hasta el punto a que ha llegado el pensamiento mundial más avanzado. Significa también criticar toda la filosofía que ha existido hasta ahora, en la medida en que ha dejado estratificaciones consolidadas en la filosofía popular. El comienzo de la elaboración crítica es la conciencia de lo que se es realmente, es decir, un «conócete a ti mismo» como producto del proceso histórico desarrollado anteriormente y que ha dejado en ti una infinidad de huellas acogidas sin beneficio de inventario. Debemos empezar por hacer este inventario.

Nota II.

No se puede separar la filosofía de la historia de la filosofía ni la cultura de la historia de la cultura. En el sentido más inmediato, no se puede ser filósofo, es decir, no se puede tener una concepción del mundo críticamente coherente sin la conciencia de su historicidad, de la fase de desarrollo que representa y del hecho de que está en contradicción con otras concepciones o con elementos de otras concepciones. La propia concepción del mundo responde a determinados problemas planteados por la realidad, bien determinados y «originales» en su actualidad. ¿Cómo se puede pensar el presente, y un presente bien determinado, con un pensamiento elaborado por problemas de un pasado a menudo remoto y superado? Si así ocurre, quiere decirse que se es «anacrónico» en la propia época, que se es un fósil y no un ser que vive modernamente. O, por lo menos, se es un extraño y heterogéneo «compuesto». Hay grupos sociales, en efecto, que en ciertos aspectos expresan la modernidad más desarrollada y en otros están atrasados en relación con su posición social y son totalmente incapaces, por consiguiente, de actuar con completa autonomía histórica.

Nota III.

Si es cierto que todo lenguaje contiene los elementos de una concepción del mundo y de una cultura, también lo será que por el lenguaje de cada uno se puede juzgar la mayor o la menor complejidad de su concepción del mundo. El hombre que sólo habla un dialecto o sólo comprende la lengua nacional en grados diversos participa necesariamente de una intuición del mundo más o menos limitada y provincial, fosilizada, anacrónica en relación con las grandes corrientes de pensamiento que dominan la historia mundial. Sus intereses serán limitados, más o menos corporativos o economicistas, no universales. Si no siempre es posible aprender idiomas extranjeros para ponerse en contacto con diversas vidas culturales, es necesario, por lo menos, aprender bien la lengua nacional. Una gran cultura puede traducirse en la lengua de otra gran cultura, es decir, una gran lengua nacional históricamente rica y compleja puede traducir cualquier otra gran cultura, ser una expresión mundial. Pero un dialecto no puede hacer lo mismo.

Nota IV.

Crear una nueva cultura no significa sólo hacer individualmente descubrimientos «originales» sino que significa también y especialmente difundir críticamente verdades ya descubiertas, «socializarlas» por así decir y, por consiguiente, convertirlas en base de acciones vitales, en elemento de coordinación y de orden intelectual y moral. Llevar a una masa de hombres a pensar coherentemente y de modo unitario el presente real y efectivo es un hecho «filosófico mucho más importante y «original» que el descubrimiento por parte de un «genio» filosófico de una nueva verdad que se convierte en patrimonio exclusivo de pequeños grupos intelectuales.

Conexión entre el sentido común, la religión y la filosofía.

La filosofía es un orden intelectual, cosa que no pueden ser ni la religión ni el sentido común. Véase como en la realidad tampoco coinciden la religión y el sentido común, sino que la religión es un elemento del disgregado sentido común. Por lo demás, «sentido común» es un nombre colectivo, como «religión»: no existe un solo sentido común, que también es un producto y un devenir histórico. La filosofía es la crítica y la superación de la religión y del sentido común; entendida de este modo, coincide con el «buen sentido», que se contrapone al sentido común.

Relaciones entre la ciencia, la religión y el sentido común.

La religión y el sentido común no pueden constituir un orden intelectual porque no se pueden reducir a unidad y coherencia ni siquiera en la conciencia individual -y no digamos en la conciencia colectiva. No se pueden reducir a unidad y coherencia «libremente», porque «autoritativamente» sí pueden serlo, como ha ocurrido de hecho en el pasado, dentro de ciertos límites. El problema de la religión entendido no en el sentido confesional sino en el laico de unidad de fe entre una concepción del mundo y una norma de conducta conforme. Pero, ¿por qué llamar a esta unidad de fe «religión. y no «ideología» o francamente «política»?

De hecho, no existe la filosofía en general: existen diversas filosofías o concepciones del mundo y siempre se hace una elección entre ellas. ¿Cómo se hace esta elección? ¿Es un hecho meramente intelectual o es más complejo? ¿Y no ocurre a menudo que entre el hecho intelectual y la norma de conducta existan contradicciones? ¿Cuál será entonces la concepción real del mundo: la lógicamente afirmada como hecho intelectual o la que resulta de la verdadera actividad de cada uno, que está implícita en su obrar? Y puesto que el obrar es siempre un obrar político, ¿no puede decirse que la filosofía real de cada uno está contenida en su política?

Este contraste entre el pensar y el obrar, es decir, la coexistencia de dos concepciones del mundo, una afirmada de palabra, la otra manifestada en el obrar efectivo, no siempre se debe a la mala fe. La mala fe puede ser una explicación satisfactoria en algunos individuos aislados e incluso en grupos más o menos numerosos, pero no lo es cuando el contraste se verifica en la manifestación de vida de grandes masas: entonces no puede dejar de ser la expresión de contrastes más profundos de orden histórico-social. Significa que un grupo social, que tiene su propia concepción del mundo, aunque sea embrionaria, que se manifiesta en la acción y, por tanto, irregularmente, ocasionalmente, es decir, cuando el grupo se mueve como un conjunto orgánico, que este grupo social, decimos, por razones de sumisión y de subordinación intelectual, ha tomado una concepción en préstamo de otro grupo y la afirma de palabra y cree seguirla porque la sigue en «tiempos normales, esto es, cuando la conducta no es independiente y autónoma sino sometida y subordinada, precisamente. Por esto no se puede separar la filosofía de la política; al contrario, se puede demostrar que la elección y la crítica de una concepción del mundo constituyen también un hecho político.

Debemos explicar, pues, por qué en todo momento coexisten muchos sistemas y corrientes de filosofía, cómo nacen, cómo se difunden, por qué en la difusión siguen ciertas líneas de fractura y ciertas direcciones, etc. Esto demuestra hasta qué punto es necesario sistematizar crítica y coherentemente las propias intuiciones del mundo y de la vida, fijando con exactitud lo que debe entenderse por «sistema», para que no se entienda en el sentido pedante y profesoral de la palabra. Pero esta elaboración debe hacerse -y sólo puede hacerse- en el marco de la historia de la filosofía, que demuestra la elaboración de que ha sido objeto el pensamiento en el curso de los siglos y el esfuerzo colectivo que ha costado nuestro actual modo de pensar, el cual resume y compendia toda esta historia pasada, incluso en sus errores y delirios. Por lo demás, que en el pasado se hayan cometido y se hayan corregido estos errores y delirios no quiere decir que no se vuelvan a reproducir en el presente y que no sea necesario corregirlos otra vez.

¿Cuál es la idea que se hace el pueblo de la filosofía? Puede reconstruirse a través de los modismos del lenguaje común. Uno de los más difundidos es el de «tomarse las cosas con filosofía» que, si lo analizamos, veremos que no es totalmente rechazable. Es cierto que contiene una invitación implícita a la resignación y a la paciencia, pero me parece que el punto más importante es, por el contrario, la invitación a la reflexión, a comprender que lo que ocurre es, en el fondo, racional y que como tal hay que afrontarlo, concentrando las propias fuerzas racionales y no dejándose llevar por los impulsos instintivos y violentos. Estos modismos populares se pueden agrupar con las expresiones similares de los escritores de carácter popular -que las toman de los grandes vocabularios- en las que entran los términos «filosofía» y «filosóficamente», y se verá que éstos tienen un significado muy preciso, de superación de las pasiones bestiales y elementales en una concepción de la necesidad que da al propio obrar una dirección consciente. Este es el núcleo sano del sentido común, lo que podría llamarse precisamente buen sentido y que merece ser desarrollado y hecho unitario y coherente. Esta es otra de las razones por las que no se puede separar lo que se llama la filosofía «científica» de la filosofía «vulgar», que es un conjunto disgregado de ideas y de opiniones.

Pero, llegados a este punto se plantea el problema fundamental de toda concepción del mundo, de toda filosofía convertida en movimiento cultural, en «religión», en «fe», es decir, que haya producido una actividad práctica y una voluntad y esté contenida en éstas como «premisa» teórica implícita (una «ideología», podría decirse, si damos al término ideología el significado más alto de una concepción del mundo que se manifiesta implícitamente en el arte, en el derecho, en la actividad económica, en todas las manifestaciones de vida individuales y colectivas): nos referimos al problema de conservar la unidad ideológica de todo el bloque social, cimentado y unificado, precisamente, por esta determinada ideología. La fuerza de las religiones y especialmente de la Iglesia católica, ha consistido en que sienten enérgicamente la necesidad de la unión doctrinal de toda la masa «religiosa» y luchan para que los estratos intelectualmente superiores no se separen de los inferiores. La Iglesia romana ha sido siempre la más tenaz en la lucha por impedir que se formen «oficialmente» dos religiones, la de los «intelectuales» y la de las «almas sencillas». Esta lucha no ha dejado de tener graves inconvenientes para la misma Iglesia, pero estos inconvenientes se relacionan con el proceso histórico que transforma toda la sociedad civil y que contiene en bloque una crítica corrosiva de las religiones; esto pone más de relieve todavía la capacidad organizativa del clero en la esfera de la cultura y la relación abstractamente racional y justa que la Iglesia ha sabido establecer en su ámbito entre los intelectuales y las gentes sencillas. Los jesuitas han sido, indudablemente, los principales artífices de este equilibrio y para conservarlo han impreso a la Iglesia un movimiento progresivo que tiende a dar ciertas satisfacciones a las exigencias de la ciencia y de la filosofía, pero con un ritmo tan lento y metódico que las mutaciones no son percibidas por la masa de las gentes sencillas, aunque parezcan «revolucionarias» y demagógicas a los «integristas».

Una de las mayores debilidades de las filosofías inmanentistas en general consiste, precisamente, en no haber sabido crear una unidad ideológica entre abajo y arriba, entre las «gentes sencillas» y los intelectuales. En la historia de la civilización occidental el hecho se ha verificado a escala europea, con el fracaso inmediato del Renacimiento y, en parte, también de la Reforma frente a la Iglesia romana. Esta debilidad se manifiesta en la cuestión escolar: las filosofías inmanentistas no han intentado siquiera construir una concepción que pudiese sustituir la religión en la educación infantil; de aquí proviene el sofisma pseudohistoricista por el cual los pedagogos irreligiosos (aconfesionales) y, en realidad, ateos admiten la enseñanza de la religión porque la religión es la filosofía de la infancia de la humanidad que se renueva en toda infancia no metafórica. El idealismo se ha mostrado contrario, también, a los movimientos culturales de «ida al pueblo» que se manifestaron en las llamadas universidades populares e instituciones similares y no sólo por sus aspectos malos, porque en tal caso sólo habría tenido que intentar hacerlo mejor. Sin embargo, estos movimientos tenían interés y merecían ser estudiados: tuvieron fortuna, en el sentido de que las «gentes sencillas» demostraron un sincero entusiasmo y una fuerte voluntad de elevarse a una forma superior de cultura y de concepción del mundo. Pero les faltaba organicidad, sea de pensamiento filosófico, sea de solidez organizativa y de centralización cultural; se tenía la impresión de que se parecían a los primeros contactos entre los mercaderes ingleses y los negros de África: se daban mercancías de pacotilla para obtener pepitas de oro. Por otro lado, sólo podía existir organicidad de pensamiento y solidez cultural si entre los intelectuales y las gentes sencillas hubiese habido la misma unidad que debe existir entre la teoría y la práctica, esto es, si los intelectuales hubiesen sido ya orgánicamente los intelectuales de estas masas, si ya hubiesen elaborado y hecho coherentes los principios y los problemas que las masas planteaban con su actividad práctica, constituyendo de este modo un bloque cultural y social. Volvía a presentarse la cuestión a que ya nos hemos referido: ¿un movimiento filosófico sólo lo es realmente cuando se dedica a desarrollar una cultura especializada para grupos restringidos de intelectuales o, al contrario, cuando en la labor de elaboración de un pensamiento superior al sentido común y científicamente coherente nunca olvida permanecer en contacto con las «gentes sencillas» antes al contrario, encuentra en este contacto la fuente de los problemas a estudiar y resolver? Sólo con este contacto una filosofía se hace «histórica», se depura de los elementos intelectualistas de carácter individual y se convierte en «vida».[7]

---

[7] Quizá sea útil, «prácticamente», diferenciar la filosofía del sentido común para indicar mejor el paso de un momento al otro; en la filosofía destacan especialmente los rasgos de elaboración individual del pensamiento; en el sentido común, en cambio, destacan los rasgfos difusos y dispersos de un pensamiento genérico de una cierta época en un cierto ambiente popular. Pero toda filosofía tiende a convertirse en sentido común de un ambiente,

Una filosofía de la praxis no puede dejar de presentarse inicialmente con una actitud polémica y crítica, como superación del modo de pensar precedente y del pensamiento concreto existente (o del mundo cultural existente). Es decir, debe presentarse ante todo como crítica del «sentido común» (después de haberse basado en el sentido común para demostrar que «todos» son filósofos y que no se trata de introducir *ex novo* una ciencia en la vida individual de «todos», sino de innovar y hacer «crítica» una actividad ya existente) y, por tanto, de la filosofía de los intelectuales, que ha dado lugar a la historia de la filosofía ya que, en el plano individual (y de hecho, se desarrolla esencialmente en la actividad de individuos aislados, particularmente dotados) se puede considerar como la «punta» del progreso del sentido común, por lo menos del sentido común de los estratos más cultos de la sociedad y, a través de éstos, también del sentido común popular. Por esto una introducción al estudio de la filosofía debe exponer sistemáticamente los problemas surgidos en el proceso de desarrollo de la cultura general, que sólo parcialmente se refleja en la historia de la filosofía; cabe decir, sin embargo, que ante la falta de una historia del sentido común (imposible de hacer por la carencia del material documental) ésta sigue siendo la fuente máxima de referencia -para criticarla, demostrar su valor real (si todavía lo tiene) o el significado que han tenido los diversos sistemas como eslabones superados de una cadena y fijar los nuevos problemas y el planteamiento actual de los antiguos.

aunque sea limitado (de todos los intelectuales). Se trata, por consiguiente, de elaborar una filosofía que teniendo ya una difusión o una difusividad porque está ligada a la vida práctica y está implícita en ésta, se convierta en un renovado sentido común, con la coherencia y el nervio de las filosofías individuales: esto no puede ocurrir si no se siente constantemente la exigencia del contacto cultural con las «gentes sencillas».

La relación entre filosofía «superior» y sentido común es asegurada por la «política», del mismo modo que la política asegura la relación entre el catolicismo de los intelectuales y el de las «gentes sencillas». Pero las diferencias entre ambos casos son fundamentales. Que la Iglesia tenga que enfrentarse con un problema de las «gentes sencillas» significa precisamente que ha habido una ruptura en la comunidad de los «fieles», ruptura que no puede soldarse elevando a las «gentes sencillas» al nivel de los intelectuales (la Iglesia no se plantea ni siquiera esta tarea, teórica y económicamente desproporcionada a sus fuerzas actuales) sino imponiendo a los intelectuales una disciplina de hierro para que no pasen de ciertos límites en la distinción y no la conviertan en catastrófica e irreparable. En el pasado, estas «rupturas» en la comunidad de los fieles se resolvían con fuertes movimientos de masas que determinaban (o eran reabsorbidos en) la formación de nuevas órdenes religiosas en torno a fuertes personalidades (Domingo, Francisco)[8]

Pero la Contrarreforma esterilizó este hervor de fuerzas populares: la Compañía de Jesús es la última gran orden religiosa, de origen reaccionario y autoritario, con carácter represivo y «diplomático», que señaló con su aparición el endurecimiento del organismo católico. Las nuevas órdenes surgidas con posterioridad tienen un escasísimo significado «religioso» y tienen, en cambio, un gran significado «disciplinario», sobre la masa; son ramificaciones o tentáculos de la Compañía de Jesús o se han convertido en tales; son instrumentos de «resistencia» para conservar las posiciones

---

8 Los movimientos heréticos de la Edad media, como reacción simultánea contra el politiquerismo de la Iglesia y contra la filosofía escolástica que fue su expresión, sobre la base de los conflictos sociales determinados por el nacimiento de los Munisicipios, fueron una ruptura entre la masa y los intelectuales en la Iglesia, rupura «cicatrizada» por el nacimiento de movimientos populares religiosos reabsorbidos por la Iglesia con la formación de las órdenes mendicantes y con la creación de una nueva unidad religiosa.

políticas adquiridas, no fuerzas renovadoras de desarrollo. El catolicismo se ha convertido en «jesuitismo». El modernismo no ha creado «órdenes religiosas» sino un partido político, la democracia cristiana[9].

La posición de la filosofía de la praxis es antitética a la católica: la filosofía de la praxis no tiende a mantener a las «gentes sencillas» en su primitiva filosofía del sentido común sino que quiere conducirlas a una concepción superior de la vida. Si afirma la exigencia del contacto entre los intelectuales y las gentes sencillas no es para limitar la actividad científica y para mantener una unidad por debajo, al nivel de las masas, sino precisamente para construir un bloque intelectual-moral que haga políticamente posible un progreso intelectual de masa y no sólo de limitados grupos intelectuales.

El hombre-masa activo opera prácticamente, pero no tiene una clara conciencia teórica de su obrar que, sin embargo, es un conocer el mundo en cuanto que lo transforma. Su conciencia teórica puede, por el contrario, estar históricamente en contraste con su obrar. Casi se puede decir que tiene dos conciencias teóricas (o una conciencia contradictoria): una implícita en su obrar y que le une realmente a todos sus colaboradores en la transformación práctica de la realidad, y una superficialmente explícita o verbal, que ha heredado del pasado y ha acogido sin crítica. Sin embargo, esta concepción «verbal» no deja de tener consecuencias: vincula a un grupo social determinado, influye en la conducta moral, en la orientación de la voluntad, de modo más o menos

---

9 Recuérdese la anécdota (contada por Steed en sus Memorias), del cardenal que explica al protestante filocatólico que los milagros de san Genaro son artículos de fe para el pueblo napolitano pero no para los intelectuales, y que incluso en el Evangelio se encuentran «exageraciones». A la pregunta «Pero ¿somos o no cristianos?» el cardenal responde: «Somos "prelados", es decir, "políticos" de la Iglesia de Roma».

enérgico, que puede llegar hasta un punto en que el carácter contradictorio de la conciencia no permita ninguna acción, ninguna decisión, ninguna elección y produzca un estado de pasividad moral y política. La comprensión crítica de uno mismo se obtiene, pues, a través de una lucha de «hegemonías» políticas, de direcciones contrastantes, primero en el campo de la ética, después en el de la política para llegar a una elaboración superior de la propia concepción de lo real. La conciencia de formar parte de una determinada fuerza hegemónica (es decir, la conciencia política) es la primera fase para una ulterior y progresiva autoconciencia, en la que la teoría y la práctica se unifican finalmente. Por tanto, la unidad de la teoría y la práctica tampoco es un dato de hecho mecánico sino un devenir histórico, que tiene su fase elemental y primitiva en el sentido de «distinción», de «alejamiento», de independencia, poco más que instintivo, y avanza hasta la posesión real y completa de una concepción del mundo coherente y unitaria. Por esto hay que poner de relieve que el desarrollo político del concepto de hegemonía representa un gran progreso filosófico además de ser un progreso político-práctico, porque conlleva y supone necesariamente una unidad intelectual y una ética conforme a una concepción de lo real que ha superado el sentido común y se ha hecho crítica, aunque sea dentro de límites todavía estrechos.

Sin embargo, en el desarrollo más reciente de la filosofía de la praxis, la profundización del concepto de unidad de la teoría y de la práctica sólo se encuentra en una fase inicial: quedan todavía residuos de mecanicismo, puesto que se habla de la teoría como un «complemento», como un «accesorio» de la práctica, de la teoría como una sierva de la práctica. Creo que también esta cuestión se debe plantear históricamente, es decir, como un aspecto de la cuestión política de los intelectuales. Autoconciencia crítica significa histórica y políticamente creación de una élite de intelectuales: una masa humana no se «distingue» y no se hace independiente «por sí misma» sin organizarse (en sentido lato), y no hay organización sin intelectuales, es decir sin organizadores y dirigentes, o sea, sin que el aspecto teórico en el nexo teoría-práctica se distinga concretamente en un estrato de personas «especializadas» en la elaboración conceptual y filosófica. Pero este proceso de creación de los intelectuales es largo, difícil, lleno de contradicciones, de avances y retiradas, de desbandadas y reagrupamientos en los que la «fidelidad» de la masa (y la fidelidad y la disciplina son inicialmente la forma que asume la adhesión de la masa y su colaboración al desarrollo de todo el fenómeno cultural) es puesta a veces a dura prueba. El proceso de desarrollo va ligado a una dialéctica intelectuales-masa; el estrato de los intelectuales se desarrolla cuantitativa y cualitativamente, pero todo salto hacia una nueva «amplitud» y una nueva complejidad del estrato de los intelectuales va ligado a un movimiento análogo de la masa de las gentes sencillas, las cuales se elevan hacia niveles superiores de cultura y amplían simultáneamente su área de influencia, con puntas individuales o incluso de grupos más o menos importantes, hacia el estrato de los intelectuales especializados. Pero en el proceso se repiten continuamente momentos en que entre la masa y los intelectuales (o algunos de éstos, o algunos grupos) se produce un distanciamiento, una pérdida de contacto; de aquí viene la impresión de «accesorio», de complementario, de subordinado. La insistencia en el elemento «práctica» en el nexo teoría-práctica, después de haber escindido, separado y no sólo distinguido los dos elementos (operación meramente mecánica y convencional) significa que se está atravesando una fase histórica relativamente primitiva, una fase todavía económico-corporativa, en que se transforma cuantitativa-mente el cuadro general de la «estructura» y la cualidad-superestructura está en proceso de surgimiento pero todavía no se ha formado orgánicamente. Debe ponerse de relieve la importancia y la significación que tienen, en el mundo moderno, los partidos políticos en la elaboración y la difusión de las concepciones del mundo, por cuanto elaboran esencialmente la ética y la política conformes a éstas, es decir, funcionan casi como «experimentadores» históricos de estas concepciones. Los partidos seleccionan individualmente a la masa operante y la selección se produce tanto en el ámbito práctico como en el teórico conjuntamente, con una relación tanto más estrecha entre la teoría y la práctica cuanto que la concepción es vital y radicalmente innovadora y contraria a los viejos modos de pensar. Por esto se puede decir que los partidos son los elaboradores de las nuevas intelectualidades integrales y totalitarias, es decir, el crisol de la unificación de la teoría y la práctica entendida como proceso histórico real; se comprende, entonces, cuán necesaria es la formación por adhesión individual y no mediante el tipo «laborista», porque se trata de dirigir orgánicamente «toda la masa económicamente activa», se trata de dirigirla no según los viejos esquemas sino innovando, y la innovación no puede llegar a serlo de masa, en sus primeras fases, sino es a través de una élite en la que la concepción implícita en la actividad humana sea ya, en cierta medida, conciencia actual coherente y sistemática y voluntad precisa y decidida.

Se puede estudiar una de estas fases en la discusión que ha presidido los más recientes desarrollos de la filosofía de la praxis, discusión resumida en un artículo de D. S. Mirski, colaborador de «Cultura».[10] Se puede ver cómo se ha producido el paso de una concepción mecanicista y puramente exterior a una concepción activista que, como se ha observado, se acerca más a una justa comprensión de la unidad de la teoría y de la práctica, aunque todavía no haya captado plenamente su significado sintético. Se puede observar que el elemento determinista, fatalista, mecanicista ha sido un «aroma» ideológico inmediato de la filosofía de la praxis, una forma de religión y de excitante (pero a la manera de los estupefacientes), necesario e históricamente justificado por el carácter «subalternos de determinados estratos sociales.

Cuando no se tiene la iniciativa en la lucha y ésta termina por identificarse con una serie de derrotas, el determinismo mecanicista se convierte en una formidable fuerza de resistencia moral, de cohesión, de perseverancia paciente y obstinada. «He sido derrotado momentáneamente, pero la fuerza de las cosas labora a mi favor a la larga, etc.» La voluntad real se disfraza en acto de fe en una cierta racionalidad de la historia, en una forma empírica y primitiva de finalismo apasionado que se presenta como un sustitutivo de la predestinación, de la providencia, etc. de las religiones confesionales. Hay que insistir en el hecho de que incluso en este caso existe realmente una fuerte actividad volitiva, una intervención directa sobre la «fuerza de las cosas», pero precisamente en una forma implícita, velada, que se avergüenza de sí misma; por ello la conciencia es contradictoria, carece de unidad crítica, etc. Pero cuando el «subalterno» se convierte en dirigente y responsable de la actividad económica de masa, el mecanicismo parece, al llegar a un cierto punto,

---

10 Se alude probablemente al artículo de D.S. Mirski, *Demokratie und Partei im Bolschewismus*, publicado en la antología *Domokratie und Partei* realizada por P.R.Rohden, Viena, 1932. Glaeser habla de esta antología en Bibliografía Fascista, 1933 (nota de los editores italianos).

un peligro inminente, se produce una revisión de todo el modo de pensar porque se ha producido un cambio en el modo de ser social. Se reducen los límites y el dominio de la «fuerza de las cosas». ¿Por qué? Porque, en el fondo, si el subalterno era ayer una cosa hoy ya no lo es, sino que se ha convertido en una persona histórica, en un protagonista; si ayer era irresponsable porque era «resistente» a una voluntad ajena, hoy siente que es responsable porque ya no es resistente sino agente, necesariamente activo y emprendedor. Pero, ¿se puede decir realmente que ayer era mera «resistencia», mera «cosa», mera «irresponsabilidad»? Ciertamente que no. Al contrario, debe ponerse de relieve que el fatalismo no es más que un disfraz de una voluntad activa y real, revestido por los débiles. Por esto hay que demostrar siempre la futilidad del determinismo mecanicista, porque si es explicable como filosofía ingenua de la masa y sólo en esta medida es un elemento intrínseco de fuerza, cuando es elevado a la categoría de filosofía reflexiva y coherente por parte de los intelectuales se convierte en causa de pasividad, de autosuficiencia imbécil, y esto sin esperar que el subalterno haya llegado a ser dirigente y responsable. Una parte de la masa subalterna es siempre dirigente y responsable y la filosofía de la parte precede siempre a la filosofía del todo, no sólo como anticipación teórica sino como necesidad actual.

Que la concepción mecanicista ha sido una religión de subalternos es cosa que se ve claramente con un análisis del desarrollo de la religión cristiana: en un cierto período histórico y en condiciones históricas determinadas ha sido y sigue siendo una «necesidad», una forma necesaria de la voluntad de las masas populares, una forma determinada de racionalidad del mundo y de la vida, una forma que dicta los cuadros generales para la actividad práctica real. Me parece que esta función del cristianismo se expresa claramente en el siguiente párrafo de un artículo de «Civiltà Cattolica» *(Individualismo pagano e individualismo cristiano,* número de 5 de marzo de 1932): «La fe en un porvenir seguro, en la inmortalidad del alma destinada a la beatitud, en la seguridad de poder llegar a la felicidad eterna, fue el resorte propulsor para una labor de intensa perfección interior y de elevación espiritual. El verdadero individualismo cristiano ha encontrado aquí el impulso para sus victorias. Todas las fuerzas del cristiano se reunieron en torno a este noble fin. Liberado de las fluctuaciones especulativas que enervaban el alma en la duda e iluminado por principios inmortales, el hombre sintió renacer la esperanza; seguro de que una fuerza superior le sostenía en la lucha contra el mal, se hizo violencia a sí mismo y venció al mundo.» Pero también en este caso se hace referencia al cristianismo ingenuo, no al cristianismo jesuítico, convertido en puro narcótico para las masas populares.

Pero más expresiva y significativa es todavía la posición del calvinismo, con su férrea concepción de la predestinación y de la gracia, que determina una vasta expansión del espíritu de iniciativa (o se convierte en la forma de este movimiento).[11]

¿Por qué y cómo se difunden, convirtiéndose en populares, las nuevas concepciones del mundo? En este proceso de difusión (que es al mismo tiempo de sustitución de lo viejo y muy a menudo de combinación entre lo nuevo y lo viejo) ¿influyen (cómo y en qué medida) la forma racional en

---

11 A este respecto, puede verse Max Weber, *L'etica protestante e lo spirito del capitalismo* publicada en «Nuovi Studi», fascículos de 1931 y ss. (hay traducción castellana publicada dentro de esta misma colección) y el libro de GRoETHUYSEN sobre los orígenes religiosos de la burguesía en Francia. (Se refiere a *Origines de l'esprit bourgeois en France: 1. L'Eglise et la bourgeoisie*, París, 1927. Nota de los editores italianos.)

que se expone y presenta la nueva concepción; la autoridad (en la medida que es reconocida y apreciada, por lo menos genéricamente) del expositor y de los pensadores y científicos que el expositor llama en su apoyo; la pertenencia a la misma organización que el que sostiene la nueva concepción (pero después de haber entrado en la organización por otros motivos que no sean el de compartir la nueva concepción)? En realidad, estos elementos varían según el grupo social y el nivel cultural del grupo en cuestión. Pero lo que interesa especialmente es la investigación relativa a las masas populares, que cambian con más dificultad sus concepciones y que, en todo caso, no las cambian nunca aceptándolas en la forma «pura», por así decir, sino siempre y únicamente como combinaciones más o menos heteróclitas y extrañas. La forma racional, lógicamente coherente, la plenitud del razonamiento, que no descuida ningún argumento positivo o negativo de cierto peso, tienen su importancia, pero están lejos de ser decisivas; pueden serlo de modo subordinado, cuando la persona en cuestión está ya en una situación de crisis intelectual, fluctúa entre lo viejo y lo nuevo, ha perdido la fe en lo viejo y todavía no se ha decidido por lo nuevo, etc.

Lo mismo puede decirse de la autoridad de los pensadores y científicos. Es muy grande entre el pueblo, pero, de hecho, toda concepción tiene sus pensadores y científicos y la autoridad está dividida; además, todo pensador puede distinguir, poner en duda que haya dicho las cosas de tal modo, etc. Se puede concluir que el proceso de difusión de las nuevas concepciones se produce por razones políticas, es decir, sociales en última instancia, pero que el elemento formal, de la coherencia lógica, el elemento autoritario y el elemento organizativo tiene en este proceso una función muy grande inmediatamente después de haberse introducido la orientación general, sea en individuos aislados, sea en grupos numerosos. Pero de esto se concluye que las masas, como tales, sólo pueden vivir la filosofía como una fe. Basta imaginar la posición intelectual de un hombre del pueblo; se ha formado con opiniones, con convicciones, con criterios de discriminación y normas de conducta. Todo sostenedor de un punto de vista opuesto al suyo, si es intelectualmente superior a él, sabe argumentar mejor sus razones, le mete en el saco lógicamente, etc.. ¿Debe por esto cambiar el hombre del pueblo sus convicciones? ¿Debe cambiarlas porque no sabe imponerse en la discusión inmediata? Pero entonces debería cambiar de convicciones cada día, cada vez que encontrase a un adversario intelectualmente superior. ¿En qué elementos se funda, pues, su filosofía? ¿En qué elementos se funda, especialmente, su filosofía en la forma de norma de conducta, la que tiene más importancia para él? El elemento más importante es, sin duda, de carácter no racional, de fe. ¿Pero fe en quién, en qué? Especialmente en el grupo social a que pertenece, en la medida que piensa globalmente como él: el hombre del pueblo piensa que tanta gente no se puede equivocar, en bloque, como quisiera hacerle creer el adversario argumentador; que aunque él personalmente sea incapaz de sostener y desarrollar sus propias razones como lo hace el adversario, hay en su grupo personas que sí pueden hacerlo, mejor incluso que el adversario, y recuerda haber oído exponer difusa y coherentemente, de modo que a él le convencieron, las razones de su fe. No las recuerda en concreto y no sabría repetirlas, pero sabe que existen porque ha oído exponerlas y quedó convencido. El hecho de haber sido convencido una vez de modo fulgurante es la razón constante de la permanencia de las convicciones, aunque no se sepa argumentar.

Pero estas consideraciones llevan a la conclusión de que hay una labilidad extrema en las nuevas convicciones de las masas populares, especialmente si estas nuevas convicciones contrastan con las convicciones ortodoxas (aunque sean también nuevas), socialmente conformistas según los intereses generales de las clases dominantes. Puede verse esto reflexionando sobre el destino de las religiones y de las Iglesias. La religión o una Iglesia determinada mantienen su comunidad de fieles (dentro de los límites de las necesidades del desarrollo histórico general) en la medida en que conservan permanente y organizadamente la propia fe, repitiendo incansablemente su apologética, luchando en todo momento y siempre con argumentos similares y manteniendo una jerarquía de intelectuales que den a la fe la apariencia, por lo menos, de la dignidad del pensamiento. Cada vez que se ha interrumpido violentamente la continuidad de las relaciones entre la Iglesia y los fieles, por razones políticas, como ocurrió durante la Revolución francesa, las pérdidas sufridas por la Iglesia han sido incalculables y si las condiciones de difícil ejercicio de las prácticas habituales se hubiesen prolongado más allá de un cierto límite temporal es de creer que dichas pérdidas habrían sido definitivas y que habría surgido una nueva religión, como ocurrió en Francia, por lo demás, en combinación con el viejo catolicismo. De ello se deduce determinadas necesidades para todo movimiento cultural que tienda a sustituir el sentido común y las viejas concepciones del mundo, en general: a) no debe cansarse nunca de repetir los propios argumentos (variando literariamente su forma): la repetición es el medio didáctico más eficaz para operar sobre la mentalidad popular; b) debe laborar incesantemente para elevar intelectualmente a estratos populares cada vez más vastos, es decir, para dar personalidad al amorfo elemento de masa, lo cual significa que se debe laborar para suscitar élites de intelectuales de nuevo tipo, que surjan directamente de la masa sin perder el contacto con ella para convertirse en el «armazón» del busto.

Esta segunda tarea, si se cumple, es la que modifica realmente el «panorama ideológico» de una época. Por otro lado, estas élites no pueden constituirse y desarrollarse sin que se verifique en su interior una jerarquización de autoridad y de competencia intelectuales, jerarquización que puede culminar en un gran filósofo individual si éste es capaz de revivir concretamente las exigencias de la maciza comunidad ideológica, de comprender que ésta no puede tener la agilidad de movimientos de un cerebro individual, y si, por consiguiente, consigue elaborar formalmente la doctrina colectiva de la manera más adecuada a los modos de pensar de un pensador colectivo.

Es evidente que una construcción de masa de este tipo no puede producirse «arbitrariamente», en torno a una ideología cualquiera, por la voluntad formalmente constructiva de una personalidad o de un grupo que se lo proponga por fanatismo de las propias convicciones filosóficas o religiosas.

La adhesión de las masas a una ideología o la no adhesión es la manera en que se verifica la crítica real de la racionalidad y la historicidad de los modos de pensar. Las construcciones arbitrarias son eliminadas más o menos rápidamente de la competición histórica, aunque a veces, por una combinación de circunstancias inmediatas favorables, lleguen a gozar de una cierta popularidad; en cambio, las construcciones que corresponden a las exigencias de un período histórico complejo y orgánico terminan siempre por imponerse y prevalecer, aunque pasen por muchas fases intermedias en las cuales su afirmación sólo se produce en combinaciones más o menos extrañas y heteróclitas.

Estos procesos plantean muchos problemas, los más importantes de los cuales se resumen en el modo y en la cualidad de las relaciones entre los diversos estratos intelectualmente calificados, es decir, en la importancia y en la función que debe y puede tener la aportación creadora del grupo superior en conexión con la capacidad orgánica de discusión y de desarrollo de nuevos conceptos críticos por parte de los estratos intelectualmente subordinados. Esto es, se trata de fijar los límites de la libertad de discusión y de propaganda, libertad que no debe entenderse en el sentido administrativo y policíaco sino en el sentido de autolimitación de la propia actividad por parte de los dirigentes; o sea, en el sentido específico de fijación de una orientación de política cultural. Dicho de otro modo: ¿quién fijará los «derechos de la ciencia y los límites de la investigación científica? ¿Podrán fijarse realmente estos derechos y estos límites? Parece necesario dejar la labor de búsqueda de nuevas verdades y de formulaciones mejores, más coherentes y claras de las verdades a la libre iniciativa de los científicos individuales, aunque éstos pongan una y otra vez en discusión los principios que parecen más esenciales. Por lo demás no será difícil poner en claro cuando estas iniciativas de discusión tengan motivos interesados, de carácter no científico. Por otro lado no es imposible pensar que se pueda llegar a disciplinar y ordenar las iniciativas individuales, de modo que pasen a través del tamiz de diversos tipos de academias o instituciones culturales y sólo lleguen a ser públicas después de haber sido seleccionadas, etc.

Sería interesante estudiar en concreto, en un país determinado, la organización cultural que mantiene en movimiento el mundo ideológico y examinar su funcionamiento práctico. También sería útil un estudio de la relación numérica entre el personal que se dedica profesionalmente a la labor cultural activa y la población del país en cuestión, con un cálculo aproximado de las fuerzas libres. La escuela, en todos sus grados, y la Iglesia son las dos principales organizaciones culturales en todos los países, por el número de personas que emplean. También hay que mencionar los periódicos, las revistas y la actividad editorial, las escuelas privadas, bien en la medida que integran la escuela estatal, bien como instituciones de cultura del tipo de las universidades populares. Otras profesiones incorporan a su actividad especializada una fracción cultural no indiferente, como son la de los médicos, la de los oficiales del ejército, la de los magistrados. Pero debe señalarse que en todos los países, aunque quizá en medida diversa, existe una gran separación entre las masas populares y los grupos intelectuales -incluso los más numerosos y más próximos a la periferia nacional, como los maestros y los sacerdotes. Y esto ocurre porque el Estado como tal no tiene una concepción unitaria, coherente y homogénea -aunque los gobernantes lo afirmen verbalmente-; por esto los grupos intelectuales están separados entre estrato y estrato y en la esfera de un mismo estrato. La universidad -excepto en algunos países- no ejerce ninguna función unificadora; a menudo un pensador libre tiene más influencia que toda la institución universitaria, etc.

A propósito de la función histórica cumplida por la concepción fatalista de la filosofía de la praxis se podría hacer un elogio fúnebre de la misma, reivindicando su utilidad para un determinado período histórico pero, precisamente por esto, sosteniendo la necesidad de enterrarla con todos los honores debidos. Se podría comparar su función con la de la teoría de la gracia y de la predestinación en el comienzo del mundo moderno, que culminó en la filosofía clásica alemana y en su concepción de la libertad como conciencia de la necesidad. Ha sido un sustitutivo popular del grito «Dios lo quiere»; pero incluso en este plano primitivo y elemental fue el inicio de una concepción más moderna y fecunda que la contenida en el «Dios lo quiere» o en la teoría de la gracia. ¿Es posible que una nueva concepción se presente «formalmente» con otra vestimenta que la rústica y confusa de una plebe? Sin embargo el historiador, con la perspectiva necesaria, llega a fijar y a comprender que los inicios de un mundo nuevo, siempre ásperos y pedregosos, son superiores al declinar de un mundo en agonía y a los cantos de cisne que éste produce.

2 Problemas de filosofía y de historia

La discusión científica.
Al plantear los problemas histórico-críticos no se debe concebir la discusión científica como un proceso judicial, con un acusado y un fiscal que, por obligación, debe demostrar que el acusado es culpable y debe ser puesto fuera de la circulación. En la discusión científica se supone que el interés radica en la búsqueda de la verdad y en el progreso de la ciencia y por esto demuestra ser más «avanzado» el que adopta el punto de vista de que el adversario puede expresar una exigencia que debe incorporarse, aunque sea como momento subordinado, a la propia construcción. Comprender y valorar realísticamente la posición y las razones del adversario (y a veces el adversario es todo el pensamiento anterior) significa precisamente haberse liberado de la prisión de las ideologías (en el sentido peyorativo de ciego fanatismo ideológico), es decir, significa adoptar un punto de vista «crítico» el único fecundo en la investigación científica.

Filosofía e historia.
¿Qué se debe entender por filosofía, por filosofía en una época histórica? ¿Cuál es la importancia de las filosofías de los filósofos en cada una de dichas épocas históricas? Aceptando la definición que da Benedetto Croce de la religión, es decir, una concepción del mundo que se ha convertido en norma de vida, siempre y cuando no se entienda la norma de vida en sentido libresco sino en sentido de norma aplicada en la vida práctica, aceptando esta definición, decimos, la mayoría de los hombres son filósofos en la medida en que operan prácticamente, y en su obrar práctico (en las líneas directivas de su conducta) está contenida implícitamente una concepción del mundo, una filosofía. La historia de la filosofía, tal como se acostumbra a entender, a saber, como historia de las filosofías de los filósofos, es la historia de las tentativas y de las iniciativas ideológicas de una determinada clase de personas para modificar, corregir, perfeccionar las concepciones del mundo existentes en cada época determinada y para modificar, por consiguiente, las normas de conducta conformes y relativas a dichas concepciones, esto es, para modificar la actividad práctica en su totalidad.

Desde el punto de vista que nos interesa, el estudio de la historia y de la lógica de las diversas filosofías de los filósofos es insuficiente. Aunque sólo sea como orientación metodológica, es preciso llamar la atención sobre las demás partes de la historia de la filosofía, es decir, sobre las concepciones del mundo de las grandes masas, sobre las de los grupos dirigentes (o intelectuales) más restringidos y, finalmente, sobre los vínculos entre estos diversos complejos culturales y la filosofía de los filósofos. La filosofía de una época no es la filosofía de uno u otro filósofo, de uno u otro grupo de intelectuales, de uno u otro sector de las masas populares: es una combinación de todos estos elementos que culmina en una determinada dirección y en este culminar se convierte en norma de acción colectiva, es decir, en «historia» concreta y completa (integral).

Por consiguiente, la filosofía de una época histórica no es más que la «historia» de esta misma época, no es más que la masa de variaciones que el grupo dirigente ha conseguido determinar en la realidad precedente: historia y filosofía son inseparables en este sentido, forman un «bloque». Pero se pueden «distinguir» los elementos filosóficos propiamente dichos y en sus diversos grados: como filosofía de los filósofos, como concepción de los grupos dirigentes (cultura filosófica) y como religión de las grandes masas, y ver cómo en cada uno de estos grados existen formas diversas de «combinación» ideológica.

Filosofía «creadora».

¿Qué es la filosofía? ¿Una actividad puramente receptiva o a lo más ordenadora, o bien una actividad absolutamente creadora? Hay que definir lo que se entiende por «receptivo», «ordenador», «creador». «Receptivo» implica la certeza de un mundo exterior absolutamente inmutable, que existe «en general», objetivamente, en el sentido vulgar del término. «Ordenador» se acerca a «receptivo»: aunque implica una actividad del pensamiento, es una actividad limitada y angosta. Pero, ¿qué significa «creador»? ¿Significará que el mundo exterior es creado por el pensamiento? ¿Pero qué pensamiento y de quién? Se puede caer en el solipsismo y, de hecho, todas las formas de idealismo caen necesariamente en el solipsismo. Para huir de éste y para huir, al mismo tiempo, de las concepciones mecanicistas implícitas en la concepción del pensamiento como actividad receptiva y ordenadora, se debe plantear la cuestión «historicísticamente» y, a la vez, poner en la base de la filosofía la «voluntad» (en último análisis la actividad práctica o política), pero una voluntad racional, no arbitraria, que se realiza en la medida que corresponde a necesidades históricas objetivas, es decir, en la medida en que es la misma historia universal en el momento de su realización progresiva; si esta voluntad está representada inicialmente por un solo individuo, su racionalidad se demuestra por el hecho de que es acogida por un gran número y acogida de modo permanente, es decir, se convierte en una cultura, en un «buen sentido», en una concepción del mundo, con una ética adecuada a su estructura. Hasta la filosofía clásica alemana, la filosofía se concibió como una actividad receptiva y, como máximo, ordenadora, es decir, se concibió como conocimiento de un mecanismo que funcionaba objetivamente fuera del hombre. La filosofía clásica alemana introdujo el concepto de «creatividad» del pensamiento, pero en sentido idealista y especulativo.

Parece que sólo la filosofía de la praxis ha hecho dar un paso adelante al pensamiento, sobre la base de la filosofía clásica alemana, evitando toda tendencia al solipsismo, historificando el pensamiento en la medida en que lo asume como concepción del mundo, como «buen sentido», difundido en la mayoría (y esta difusión sería impensable sin la racionalidad o la historicidad) de tal manera que se convierta en norma activa de conducta. Debe entenderse, pues, el concepto de «creador» en sentido «relativo», pensamiento que modifica el modo de sentir de la mayoría y, por consiguiente, modifica la realidad misma, que no puede pensarse sin esta mayoría. Creador, también, en el sentido de que enseña que no existe una «realidad» en sí misma, en sí y por sí, sino siempre en relación histórica con los hombres que la modifican, etc.

Importancia histórica de una filosofía.

Muchas investigaciones y muchos estudios en torno al significado histórico de las diversas filosofías son absolutamente estériles y extravagantes porque no se tiene en cuenta el hecho de que muchos sistemas filosóficos son expresiones puramente individuales (o casi) y que la parte de ellos que se puede llamar histórica es a menudo mínima y está anegada en un complejo de abstracciones de origen puramente racional y abstracto.

Puede decirse que el valor histórico de una filosofía se puede «calcular» según la eficacia «práctica» que ha conquistado (y la palabra «práctica» debe entenderse en sentido amplio). Si es cierto que toda filosofía es la expresión de una sociedad, debe reaccionar sobre la sociedad, determinar ciertos efectos, positivos y negativos; la medida en que reacciona es, precisamente, la medida de su alcance histórico, de su cualidad de «hecho histórico» y no de «elucubración» individual.

El filósofo.

Una vez aceptado el principio de que todos los hombres son «filósofos», es decir, que entre los filósofos profesionales o «técnicos» y los demás hombres no hay diferencias «cualitativas» sino tan sólo «cuantitativas» (y en este caso «cantidad» tiene un significado particular, que no se puede confundir con la suma aritmética, puesto que indica la mayor o la menor «homogeneidad», «coherencia», «lógica», etc., es decir, es cantidad de elementos cualitativos), queda por ver en qué consiste propiamente la diferencia. No será exacto, por ejemplo, llamar «filosofía» a todas las tendencias del pensamiento, a todas las orientaciones generales, etc., ni siquiera a todas las «concepciones del mundo y de la vida». El filósofo se podrá llamar «obrero calificado» frente a los peones, pero tampoco es esto exacto porque en la industria, además de los peones y de los obreros calificados están los ingenieros, que no sólo conocen el oficio prácticamente sino también teórica e históricamente. El filósofo profesional o técnico no sólo «piensa» con mayor rigor lógico, con mayor coherencia, con mayor espíritu de sistema que los demás hombres sino que conoce toda la historia del pensamiento, es decir, sabe cuál ha sido el desarrollo del pensamiento hasta él y está en condiciones de tomar los problemas en el punto en que se encontraban después de haber sido objeto del máximo número de intentos de solución, etc. Tiene, en el terreno del pensamiento, la misma función que tienen los especialistas en los diversos terrenos científicos.

Existe, sin embargo, una diferencia entre el filósofo especialista y los demás especialistas: que el filósofo especialista se aproxima más a los hombres que los restantes especialistas. Lo que ha terminado la caricatura del filósofo es, precisamente, el haber hecho de filósofo especialista una figura similar, en la ciencia, a los demás especialistas. En realidad, se puede imaginar un entomólogo especialista sin que los demás hombres sean «entomólogos» empíricos, un especialista de la trigonometría sin que la mayoría de los demás hombres se ocupen de trigonometría, etc. (se pueden encontrar ciencias refinadísimas, especializadísimas, necesarias, pero no por esto «comunes»), pero no se puede pensar en ningún hombre que no sea filósofo, que no piense, precisamente porque el pensar es propio del hombre en sí (a menos que sea patológicamente idiota).

El lenguaje, las lenguas, el sentido común.
¿En qué consiste exactamente el mérito de lo que suele llamarse «sentido común» o «buen sentido»? No sólo en el hecho de que -aunque sea implícitamente- el sentido común

utilice el principio de causalidad sino también en el hecho, mucho más limitado, de que en una serie de juicios el sentido común identifica la causa exacta, simple y al alcance de la mano, y no se deja desviar por extravagancias o dificultades metafísicas, pseudoprofundas, pseudocientíficas, etc. El «sentido común» no podía dejar de exaltarse en los siglos XVII y XVIII cuando se reaccionó contra el principio de autoridad representado por la Biblia y Aristóteles: de hecho, se descubrió que en el «sentido común» había una cierta dosis de «experimentalismo» y de observación directa de la realidad, aunque fuese empírica y limitada. Todavía hoy, en condiciones similares, se hace el mismo juicio laudatorio del sentido común, aunque la situación haya cambiado y el «sentido común» actual sea mucho más limitado en su mérito intrínseco.

Concebida la filosofía como concepción del mundo y la actividad filosófica no sólo como elaboración «individual» de conceptos sistemáticamente coherentes sino además, y especialmente, como lucha cultural por transformar la «mentalidad» popular y difundir las innovaciones filosóficas que demostrarán ser «históricamente verdaderas» en la medida en que llegarán a ser universales concretamente, es decir, histórica y socialmente, se debe plantear «técnicamente» en primer plano la cuestión del lenguaje y de las lenguas. Habrá que volver a ver las publicaciones de los pragmatistas al respecto.[12]

En el caso de los pragmatistas, como en general ante todo intento de sistematización orgánica de la filosofía, no está claro que la referencia se haga a la totalidad del sistema o al núcleo esencial del mismo. Creo poder decir que la concepción del lenguaje de Vailati y otros pragmatistas no es

---

12 Cfr. los escritos de G. Vailati (Florencia, 1911) entre ellos *Il linguaggio come ostacolo alla eliminazione di contrasti illusori*.

aceptable; sin embargo, parece que han sentido exigencias reales y las han « descrito » con una exactitud aproximada, aunque no hayan llegado a plantear los problemas y a dar su solución. Creo que se puede decir que «lenguaje» es un nombre común, que no presupone una cosa «única» ni en el tiempo ni en el espacio. Lenguaje significa también cultura y filosofía (aunque sea en el grado del sentido común) y, por consiguiente, el hecho «lenguaje» es en realidad una multiplicidad de hechos más o menos orgánicamente coherentes y coordinados: en último término se puede decir que todo ser parlante tiene un lenguaje personal propio, es decir, un modo de pensar y de sentir propio. La cultura, en sus diversos grados, unifica una mayor o menor cantidad de individuos en estratos numerosos, más o menos en contacto expresivo, que se entienden entre sí en grados diversos, etc. Estas diferencias y distinciones histórico-sociales son las que se reflejan en el lenguaje común y producen los «obstáculos» y las «causas de error» de que hablan los pragmatistas.

De esto se deduce la importancia del «momento cultural» incluso en la actividad práctica (colectiva): todo acto histórico tiene que ser realizado forzosamente por el «hombre colectivo», es decir, presupone la existencia de una unidad «cultural-social» que junta para un mismo fin una multiplicidad de voliciones disgregadas, con heterogeneidad de fines, sobre la base de una misma y común concepción del mundo (general y particular, de acción transitoria -por vía emocional o permanente, por la cual la fase intelectual se arraiga, asimila y vive de tal modo que puede convertirse en pasión). Dado que es esto lo que ocurre, se ve claramente la importancia de la cuestión lingüística general, es decir, de la llegada colectiva a un mismo «clima» cultural.

Este problema puede y debe relacionarse con el planteamiento moderno de la doctrina y de la práctica pedagógicas, según el cual la relación entre el maestro y el alumno es una relación activa recíproca y, por consiguiente, todo maestro es siempre alumno y todo alumno es maestro. Pero la relación pedagógica no se puede limitar a la relación específicamente «escolar», mediante la cual las nuevas generaciones entran en contacto con las antiguas y absorben sus experiencias y sus valores históricamente necesarios, «madurando» y desarrollando una personalidad propia histórica y culturalmente superior. Esta relación existe en toda la sociedad en general y para todos los individuos respecto a otros individuos, entre capas intelectuales y no intelectuales, entre gobernantes y gobernados, entre élites y secuaces, entre dirigentes y dirigidos, entre vanguardias y cuerpos de ejército. Toda relación de «hegemonía» es necesariamente una relación pedagógica y se verifica no sólo dentro de una nación, entre las diversas fuerzas que la componen, sino en todo el campo internacional y mundial, entre complejos de civilización nacionales y continentales.

Por esto se puede decir que la personalidad histórica de un filósofo individual viene dada también por la relación activa entre él y el ambiente cultural que quiere modificar, ambiente que actúa sobre el filósofo y le constriñe a una actividad autocrítica, opera como «maestro». Por esto una de las mayores reivindicaciones de las modernas capas intelectuales en el ámbito político ha sido la de la llamada «libertad de pensamiento y de expresión del pensamiento (prensa y asociación), porque sólo donde existen estas condiciones políticas se realiza la relación de maestro discípulo en el sentido más general que acabamos de recordar, y, de hecho, se realiza «históricamente» un nuevo tipo de filósofo que se puede llamar «filósofo democrático», esto es, el filósofo convencido de que su personalidad no se limita a su individualidad física sino que es una relación social activa de modificación del ambiente cultural. Cuando el «pensador» se contenta con su propio pensamiento, «subjetivamente» libre, es decir, abstractamente libre, provoca hoy la burla; la unidad de la ciencia y la vida es, precisamente, una unidad activa, y sólo en ella se realiza la libertad de pensamiento; es una relación maestro-alumno, filósofo-ambiente cultural en el que se ha de operar, del que se debe extraer los problemas a plantear y resolver, es decir, es la relación filosofía-historia.

¿Qué es el hombre?

Ésta es la primera y principal pregunta de la filosofía. ¿Cómo se puede contestar? La definición se puede encontrar en el hombre mismo, esto es, en cada hombre singular. Pero, ¿es justa? En cada hombre se puede encontrar lo que es cada «hombre singular». Pero a nosotros no interesa lo que es cada hombre singular. Además, esto quiere decir lo que es singular en cada momento singular. Pensando un poco, se ve que el hacernos la pregunta de qué es el hombre queremos decir: ¿qué puede llegar a ser el hombre?; es decir si el hombre puede dominar el propio destino, puede «hacerse», puede crearse una vida. Decimos, pues, que el hombre es un proceso y, concretamente, que es el proceso de sus actos. Pensándolo bien, la pregunta ¿qué es el hombre? no es una pregunta abstracta u «objetiva». Se debe a que hemos reflexionado sobre nosotros mismos y sobre los demás y queremos saber, en relación con lo que hemos reflexionado y visto, lo que somos, lo que podemos llegar a ser si somos realmente, y dentro de qué límites, «artífices de nosotros mismos», de nuestra vida, de nuestro destino. Y lo queremos saber «hoy», en las condiciones de hoy, de la vida «actual» y no de una vida y de un hombre cualesquiera.

La pregunta ha nacido, recibe su contenido, de determinados modos de considerar la vida y el hombre: el más importante de estos modos es la «religión» y, concretamente, una determinada religión, el catolicismo. En realidad, al preguntarnos ¿ qué es el hombre?, ¿qué importancia tienen su voluntad y su actividad concreta en la creación de sí mismo y de la vida que vive?, queremos decir: ¿es el catolicismo una concepción exacta del hombre y de la vida? ¿Nos equivocamos o estamos en lo cierto al ser católicos, es decir, haciendo del catolicismo una norma de vida? (...) Desde el punto de vista «filosófico», lo que no satisface en el catolicismo es el hecho de que, pese a todo, sitúe la causa del mal en el hombre individual, es decir, de que conciba el hombre como individuo bien definido y limitado. Puede decirse que todas las filosofías que han existido hasta ahora reproducen esta posición del catolicismo, es decir, conciben el hombre como individuo limitado a su individualidad y conciben el espíritu como dicha individualidad. Es éste el punto en que se debe reformar el concepto del hombre. Es decir, se debe concebir el hombre como una serie de relaciones activas (un proceso) en las cuales, aunque la individualidad tenga la máxima importancia, no es el único elemento a considerar. La humanidad que se refleja en cada individualidad se compone de diversos elementos: a) el individuo; *b)* los demás hombres; c) la naturaleza. Pero el segundo y el tercer elementos no son tan simples como puede parecer. El individuo no entra en relación con los demás hombres por yuxtaposición, sino orgánicamente, esto es, en la medida en que entra a formar parte de organismos que van desde los más sencillos a los más complejos. Del mismo modo, el hombre no entra en relación con la naturaleza simplemente por el hecho de que también él es naturaleza, sino activamente, por medio del trabajo y de la técnica. Más aún: estas relaciones no son mecánicas. Son activas y conscientes, es decir, corresponden a un grado mayor o menor de la inteligencia que de ellos tiene el hombre singular. Por esto se puede decir que todos se cambian a sí mismos, se modifican en la medida en que cambian y modifican todo el complejo de relaciones de que son el centro de anudamiento. En este sentido, el verdadero filósofo es, y no puede dejar de serlo, el político, es decir, el hombre activo que modifica el ambiente, entendiendo por ambiente el conjunto de relaciones de que cada individuo singular entra a formar parte. Si la propia individualidad es el conjunto de estas relaciones, hacerse una personalidad significa tomar conciencia de estas relaciones y modificar la propia personalidad significa modificar el conjunto de estas relaciones.

Pero, como se ha dicho, estas relaciones no son simples. Algunas son necesarias, otras voluntarias. Además, el simple hecho de tener conciencia más o menos profunda de ellas (esto es, el hecho de saber más o menos cómo se pueden modificar) ya las modifica. Las mismas relaciones necesarias cambian de aspecto y de importancia en cuanto son conocidas en su necesidad. En este sentido, el conocimiento es poder. Pero el problema es complejo en otro aspecto, todavía: no basta conocer el conjunto de las relaciones tal como existen en un momento dado en un determinado sistema, sino que importa conocerlas genéricamente, en su movimiento de formación, pues el individuo no sólo es la síntesis de las relaciones existentes sino también la síntesis de la historia de estas relaciones, es decir, es el resumen de todo el pasado. Se dirá que es muy poco lo que puede cambiar cada individuo, en relación con sus fuerzas. Esto es verdad hasta cierto punto. Pues el individuo aislado puede asociarse con todos los que quieren el mismo cambio, y si este cambio es racional, el individuo aislado puede multiplicarse un número imponente de veces y obtener un cambio mucho más radical de lo que parece posible a primera vista.

Las sociedades en que puede participar un individuo singular son muy numerosas, más de lo que parece. Es a través de estas «sociedades» que el individuo forma parte del género humano. Son, pues, múltiples los modos en que el individuo singular entra en relación con la naturaleza, pues por técnica debe entenderse no sólo el conjunto de nociones científicas aplicadas industrialmente -que es la forma en que acostumbra a entenderse sino también los instrumentos «mentales», el conocimiento filosófico.

Es un lugar común que el hombre sólo puede concebirse viviendo en sociedad, pero no se sacan todas las consecuencias necesarias de esta evidencia, ni siquiera en el plano individual; también es un lugar común que una determinada sociedad humana presupone una determinada sociedad de las cosas y que la sociedad humana sólo es posible en la medida en que existe una determinada sociedad de las cosas. Es cierto que, hasta ahora, se ha dado a estos organismos supraindividuales un significado mecanicista y determinista (tanto en el caso de la *societas hominum* como en el de la *societas rerum):* de aquí la reacción. Es necesario elaborar una doctrina en la cual todas estas relaciones sean activas y estén en movimiento, dejando bien claro que la sede de esta actividad es la conciencia del hombre singular que conoce, quiere, admira, crea, en la medida que ya conoce, quiere, admira, crea, etc., y se concibe no aislado sino rico de posibilidades ofrecidas por los demás hombres y por la sociedad de las cosas, que no puede dejar de conocer en cierto grado. (Del mismo modo que todo hombre es filósofo, todo hombre es científico, etc.)

Tomada en sí misma, la afirmación de Feuerbach «El hombre es lo que él come» se puede interpretar diversamente. Una interpretación tosca y estúpida es que el hombre es lo que él come materialmente, es decir, que los alimentos tienen una influencia determinante inmediata en el modo de pensar. Recuérdese la afirmación de Amadeo[13] de que si se supiese lo que ha comido un hombre antes de pronunciar un discurso, por ejemplo, se podría interpretar mejor este discurso. Es una afirmación infantil y, de hecho, ajena incluso a la ciencia positiva, porque el cerebro no se nutre de habas y de trufas, sino que los alimentos reconstituyen las moléculas del cerebro después de transformarse en sustancias homogéneas y asimilables, que tienen la «misma naturaleza» potencial que las moléculas cerebrales. Si esta afirmación fuese cierta la matriz determinante de la historia se encontraría en la cocina y las revoluciones coincidirían con los cambios radicales en la alimentación de las masas. Lo históricamente verdadero es, precisamente, lo contrario: son las revoluciones y el complejo desarrollo histórico los que han modificado la alimentación y han creado los «gustos» sucesivos en la elección de los alimentos. No es la siembra regular del trigo lo que puso fin al nomadismo sino al contrario: las condiciones que empezaban a oponerse al nomadismo movieron a adoptar las siembras regulares, etc.[14]

---

13 Amadeo Bordiga, ex dirigente comunista, extremista, expulsado más tarde del partido (nota de los editores italianos).
14 Compárese esta afirmación de Feuerbach con la campaña de S. E. Marinetti contra la «pastasciutta» y la polémica de S. E. Bontempelli en defensa de ésta, en 1930, es decir, en plena crisis mundial,

Por otro lado, es cierto que «el hombre es lo que él come» en la medida en que la alimentación es una de las expresiones de las relaciones sociales en su complejo y toda reagrupación social tiene una alimentación básica; pero, con el mismo fundamento se puede decir que «el hombre es su vestido», «el hombre es su vivienda», «el hombre es su modo particular de reproducirse, es decir, su familia», puesto que la alimentación, el vestido, la vivienda y la reproducción son los elementos de la vida social en que de modo más evidente y difundido (es decir, con una dimensión de masas) se manifiesta el complejo las relaciones sociales.

Por consiguiente el problema de lo que es el hombre es siempre el llamado problema de la «naturaleza humana» o el del llamado «hombre en general», es decir, el intento de crear una ciencia del hombre (una filosofía) que parta de un concepto inicialmente «unitario», de una abstracción que pueda contener todo lo «humano». Pero, lo «humano» ¿es un punto de partida o un punto de llegada, como concepto y hecho unitario? ¿O no cabe decir, más bien, que este intento, esta búsqueda, son un residuo «teológico» y «metafísico» en la medida en que se ven como punto de partida? La filosofía no se puede reducir a una «antropología» naturalista; es decir: la unidad del género humano viene dada por la naturaleza «biológica» del hombre: las diferencias del hombre que cuentan en la historia no son las biológicas (raza, conformación del cráneo, color de la piel, etc. y cabe decir que a ello se reduce la afirmación «El hombre es lo que él come» -come trigo en Europa, arroz en Asia, etc.-, que se puede reducir, a su vez, a otra afirmación, «El hombre es el país en que habita», puesto que la mayor parte de los alimentos dependen, en general, del país que se habita); tampoco se puede decir que la «unidad biológica» haya contado nunca mucho en la historia (el hombre es el animal que se ha comido a sí mismo cuando más cerca estaba del «estado natural», es decir, cuando no podía multiplicar «artificialmente» la producción de los bienes naturales). Ni siquiera la «facultad de razonar» y el «espíritu» han creado unidad y pueden reconocerse como un hecho «unitario» porque no son más que conceptos formales, categóricos. Lo que une o diferencia a los hombres no es el «pensamiento» sino lo que se piensa realmente.

La respuesta más satisfactoria es que la «naturaleza humana» es el «complejo de las relaciones sociales», porque incluye la idea de devenir; el hombre deviene, cambia continuamente con el cambio de las relaciones sociales y porque niega el «hombre en general»: de hecho, las relaciones sociales son expresadas por diversos grupos de hombres que se presuponen recíprocamente y cuya unidad es dialéctica, no formal. El hombre es aristócrata en la medida en que es siervo de la gleba, etc. Se puede decir incluso que la naturaleza del hombre es la «historia» (y, en este sentido -dando por supuesto que historia es igual a espíritu-, que la naturaleza del hombre es el espíritu) si se da a la historia el significado de «devenir» en una *concordia discors* que no parte de la unidad sino que tiene en sí misma las razones de una posible unidad: por esto la «naturaleza humana» no se puede encontrar en ningún hombre particular sino que se encuentra en toda la historia del género humano (y el hecho de que se utilice la palabra «género», de carácter naturalista, tiene su significado), mientras que en todos los individuos singulares se encuentran características puestas de relieve por la contradicción con las de los demás individuos. La concepción del «espíritu, propia de las filosofías tradicionales, y la de «naturaleza humana», encontrada en la biología, deberían explicarse como «utopías científicas» que han sustituido la utopía mayor de la «naturaleza humana» buscada en Dios (y de los hombres, hijos de Dios), y sirven para indicar la continua labor de la historia, una aspiración racional y sentimental, etc. Es cierto que tanto las religiones que afirman la igualdad de los hombres por ser hijos de Dios como las filosofías que afirman su igualdad por ser partícipes de la facultad de razonar han sido expresiones de complejos movimientos revolucionarios (la transformación del mundo clásico, la transformación del mundo medieval) que han constituido los más poderosos eslabones del desarrollo histórico.

La base de las últimas filosofías de base utópica, como la de Croce, vendría dada por el hecho de que la dialéctica hegeliana ha sido el último reflejo de estos grandes nexos históricos y de que la dialéctica, expresión de las contradicciones sociales, debe convertirse, con la desaparición de estas contradicciones, en una pura dialéctica conceptual.

En la historia, la «igualdad» real, es decir, el grado de «espiritualidad» alcanzado por el proceso histórico de la «naturaleza humana», se identifica en el sistema de asociaciones «privadas y públicas», «explícitas e implícitas» que se anudan en el «Estado» y en el sistema político mundial: se trata de «igualdades» sentidas como tales por los miembros de una asociación y de «desigualdades» sentidas entre las diversas asociaciones; igualdades y desigualdades que valen en cuanto se tiene conciencia de ellas individualmente y como grupo. De este modo, se llega incluso a la igualdad o ecuación entre «filosofía y política», entre pensamiento y acción, es decir, a una filosofía de la praxis. Todo es político, incluso la filosofía o las filosofías,[15] y la única «filosofía» es la historia en acto, es decir, la vida misma. En este sentido se puede interpretar la tesis de que el proletariado alemán es el heredero de la filo-

---
15 Cfr. las notas sobre el carácter de las ideologías.

sofía clásica alemana -y se puede afirmar que la teorización y la realización de la hegemonía por parte de Ilich[16] ha sido también un gran acontecimiento «metafísico».

Progreso y devenir.
¿Se trata de dos cosas distintas o de diversos aspectos de un mismo concepto? El progreso es una ideología, el devenir es una concepción filosófica. El «progreso» depende de una determinada mentalidad, en la constitución de la cual entran ciertos elementos culturales históricamente determinados; el «devenir» es un concepto filosófico, del cual puede estar ausente el «progreso». En la idea de progreso se sobreentiende la posibilidad de una medición cuantitativa y cualitativa: cuanto más, mejor. Se supone, por tanto, una medida «fija» o fijable, pero esta medida viene dada por el pasado, por una cierta fase del pasado o por ciertos aspectos mensurables, etc. (Esto no quiere decir que se piense en un sistema métrico del progreso.) ¿Cómo ha nacido la idea del progreso? ¿Representa este nacimiento un hecho cultural fundamental, un hecho de los que hacen época? Parece que sí. El nacimiento y el desarrollo de la idea de progreso corresponden a la conciencia difusa de que se ha llegado a una cierta relación entre la sociedad y la naturaleza (incluyendo en el concepto de naturaleza el de azar y el de «irracionalidad») que permite a los hombres, en su conjunto, sentirse más seguros de su futuro, poder concebir «racionalmente» planes globales de su vida. Para combatir la idea de progreso, Leopardi debe recurrir a las erupciones volcánicas, es decir, a los fenómenos naturales que todavía son «irresistibles» y sin remedio. Pero en el pasado las fuerzas irresistibles eran mucho más numerosas: carestías, epidemias, etc., la mayoría dominadas, dentro de ciertos límites.

---
16 Lenin (N. del T.).

Es indudable que el progreso ha sido una ideología democrática, pero ya no es tan cierto que haya servido políticamente para la formación de los modernos Estados constitucionales, etc. También es indudable que hoy no está en auge; pero, ¿en qué sentido? No en el de que se haya perdido la fe en la posibilidad de dominar racionalmente la naturaleza y el azar, sino en sentido «democrático»; esto es, que los «portadores» oficiales del progreso son incapaces de este dominio porque han suscitado fuerzas destructivas actuales tanto o más peligrosas y angustiosas que las del pasado (ya olvidadas «socialmente», aunque no por todos los elementos sociales, pues los campesinos siguen sin comprender el «progreso», es decir, creen estar y están todavía demasiado a merced de las fuerzas naturales y del azar y conservan una mentalidad «mágica», medieval, «religiosa»), como las «crisis», el paro forzoso, etc. La crisis de la idea de progreso no es, por consiguiente, una crisis de la idea en sí, sino una crisis de los portadores de la idea, convertidos en «naturaleza» que tiene que dominarse, a su vez. En esta situación, los asaltos contra la idea de progreso son muy interesados y tendenciosos.

¿Puede separarse la idea de progreso de la de devenir? No lo parece. Han surgido juntas, como política (en Francia), como filosofía (en Alemania, desarrollada después en Italia). Con el «devenir» se ha intentado salvar lo que hay de más concreto en el «progreso», el movimiento o, mejor aún, el movimiento dialéctico (también es, por consiguiente, una profundización, porque el progreso va ligado a la concepción vulgar de la evolución).

Extraigo de un artículo de Aldo Capasso en «Italia Letteraria» del 4 de diciembre de 1932 algunos párrafos que presentan las dudas vulgares sobre estos problemas:

«También entre nosotros es común burlarse del optimismo humanitario y democrático de estilo decimonónico, y Leopardi no es un solitario cuando habla con ironía de las «casualidades progresivas»; pero se ha excogitado un astuto disfraz del «Progreso»: el idealista «Devenir», idea que es de creer que quedará en la historia más como italiana que como alemana. Pero, ¿qué sentido puede tener un Devenir que continúa *ad ininitum,* un mejoramiento que nunca se podrá parangonar a un bien físico? Al faltar el criterio de un «último» grado estable, falta la unidad de medida del «mejoramiento». Además no podemos ni siquiera hacernos la ilusión de que nosotros, hombres reales y vivos, somos mejores que los romanos o los primeros cristianos, porque al entenderse el «mejoramiento» en sentido totalmente ideal es perfectamente admisible que hoy seamos todos «decadentes» y que, en cambio, los hombres de aquella época fuesen todos hombres en la plenitud de la expresión o incluso santos. Por eso, desde el punto de vista ético, la idea de ascenso *ad infinitum* implícita en el concepto de Devenir, es bastante injustificable, pues el «mejoramiento» ético es un hecho individual y en el plano individual se puede llegar a la conclusión, procediendo caso por caso, de que toda la época reciente es mala y decadente... El concepto del Devenir optimista resulta entonces inaprehensible tanto en el plano ideal como en el plano real. Sabido es que Croce negaba el valor raciocinante de Leopardi diciendo que pesimismo y optimismo son actitudes sentimentales, no filosóficas. Pero el pesimista podría observar que la concepción idealista del Devenir es precisamente un hecho de optimismo y de sentimiento, porque el pesimista y el optimista (si no están animados por la fe en lo Transcendente) conciben la historia del mismo modo: como el fluir de un río sin desembocadura, y después ponen el acento sobre la palabra «río» o sobre las palabras «sin desembocadura», según su estado sentimental. Los unos dicen: no hay desembocadura sino que, como en un río armonioso, sólo hay la continuidad de las olas y la supervivencia, desarrollada, del ayer en el hoy... Y los otros: hay la continuidad de un río, pero sin desembocadura... En resumen, no olvidamos que tanto el optimismo como el pesimismo son sentimientos. Pero toda «filosofía» tiene que tomar forzosamente una actitud sentimental, «como pesimismo o como optimismo», etc. etc.»

El pensamiento de Capasso no se distingue por su coherencia, pero su modo de pensar es una muestra de un estado de ánimo muy difundido, muy snob e incierto, muy desconexo y superficial y tal vez sin mucha honestidad y lealtad intelectuales y falto de la necesaria lógica formal.

La cuestión es siempre la misma: ¿Qué es el hombre? ¿Qué es la naturaleza humana? Si se define el hombre como individuo, psicológica y especulativamente, estos problemas del progreso y del devenir son insolubles o se quedan en meras palabras. Pero si se concibe el hombre como el conjunto de las relaciones sociales, se ve que toda comparación entre los hombres, en el tiempo, es imposible, porque se trata de cosas diversas, por no decir heterogéneas. Por otro lado, dado que el hombre es también el conjunto de sus condiciones de vida, se puede medir cuantitativamente la diferencia entre el pasado y el presente, puesto que se puede medir hasta qué punto el hombre domina la naturaleza y el azar. La posibilidad no es la realidad, pero también ella es una realidad: que el hombre pueda hacer una cosa o no pueda hacerla tiene su importancia para valorar lo que se hace realmente. Posibilidad quiere decir «libertad». La medida de la libertad entra en el concepto del hombre. Por lo que parece, tiene su importancia que existan posibilidades objetivas de no morir de hambre. Pero la existencia de las condiciones objetivas, o posibilidad o libertad no es suficiente todavía: hay que «conocerlas» y saber servirse de ellas. Querer servirse de ellas. En este sentido, el hombre es voluntad concreta, es decir, aplicación efectiva de la voluntad abstracta o impulso vital hacia los medios concretos que realizan dicha voluntad. La propia personalidad se crea: *a)* dando una orientación determinada y concreta («racional») al propio impulso vital o voluntad; b) identificando los medios que hacen esta voluntad concreta y determinada y no arbitraria; c) contribuyendo a modificar el conjunto de las condiciones concretas que realizan esta voluntad en la medida de los propios límites de poder y en la forma más fructuosa. El hombre debe concebirse como un bloque histórico de elementos puramente individuales y subjetivos y de elementos de masa y objetivos o materiales, con los que el individuo está en relación activa. Transformar el mundo exterior, las relaciones generales, significa potenciarse uno mismo, desarrollarse uno mismo. Creer que el «mejoramiento» ético es puramente individual es una ilusión y un error: la síntesis de los elementos constitutivos de la individualidad es «individual» pero no se realiza ni desarrolla sin una actividad proyectada hacia el exterior, modificadora de las relaciones exteriores, desde las relaciones con la naturaleza hasta las relaciones con los demás hombres en grados diversos, en los distintos círculos sociales en que se vive, hasta la relación máxima, que abarca todo el género humano. Por esto se puede decir que el hombre es esencialmente «político», porque en la actividad para transformar y dirigir conscientemente a los demás hombres realiza su «humanidad», su «naturaleza humana».

El individualismo.
Sobre el llamado «individualismo», es decir, sobre la actitud que cada período histórico ha tenido en relación con la posición del individuo en el mundo y en la vida histórica: lo que hoy se llama «individualismo» ha tenido su origen en la revolución cultural que sucedió a la Edad media (Renacimiento y Reforma) e indica una determinada posición ante el problema de la divinidad y, por tanto, de la Iglesia: es el paso del pensamiento transcendente al inmanentismo.

Prejuicios contra el individualismo, hasta repetir contra él las jeremiadas, más que críticas, del pensamiento católico retrógrado: el «individualismo» que resulta hoy antihistórico es el que se manifiesta en la apropiación individual de la riqueza, mientras se socializa cada vez más la producción de la riqueza. Que los católicos sean los menos idóneos para protestar contra el individualismo se puede deducir por el hecho de que políticamente sólo han reconocido personalidad política a la propiedad, es decir, no a lo que el hombre valía de por sí, sino en la medida en que estaba integrado por bienes materiales. ¿Qué significaba el hecho de que se era elector en cuanto que se gozaba de una renta y que se pertenecía a tantas comunidades político-administrativas como comunidades en las que se tenían bienes materiales? ¿Qué significaba todo esto sino un rebajamiento del «espíritu» frente a la «materia»? Si sólo se considera «hombre» al que posee y si resulta totalmente imposible que todos posean, ¿por qué es antiespiritual buscar una forma de propiedad en la cual las fuerzas materiales integren y contribuyan a constituir todas las personalidades? En realidad, se reconocía implícitamente que la «naturaleza» humana no se encontraba dentro del individuo sino en la unidad entre el hombre y las fuerzas naturales: por consiguiente, la conquista de las fuerzas materiales es un modo -el más importante- de conquistar la personalidad.[17]

Examen del concepto de naturaleza humana.

Orígenes del sentimiento de «igualdad»: la religión con su idea de Dios-padre y de hombres-hijos, es decir, iguales; la filosofía según el aforismo *Omnis enim philosophia, cum ad communem hominum cogitandi facultatem revocei, per se democratica est; ideoque ab optimatibus non iniuria sibi existimatur perniciosa.* La ciencia biológica afirma la igualdad «natural», es decir, psicofísica de todos los elementos individuales del «género humano»; todos nacen del mismo modo, etc. «El hombre es mortal; Fulano es hombre; Fulano es mortal.» Fulano es igual a todos los hombres. Así se ha originado empírico-científicamente (empiriociencia folklórica) la fórmula «Todos nacemos desnudos».

Recuérdese en la novela de Chesterton *La ingenuidad del padre Brown los* personajes del cartero y del pequeño constructor de máquinas, portentosas. Hay una observación de este tipo: «Una anciana señora vive en un castillo con veinte servidores; recibe la visita de otra dama y le dice: «Estoy siempre tan sola», etc. El médico le anuncia que se ha declarado una epidemia, etc., y dice entonces: «Somos demasiados.» (Chesterton sólo saca de esto efectos puramente novelísticos de intriga.)

Filosofía y democracia.

Se puede observar el desarrollo paralelo de la democracia moderna y de determinadas formas de materialismo meta-

---

[17] En estos últimos tiempos se ha alabado mucho un libro del joven escritor católico francés Daniel Rops, *Le monde sans âme,* Plon, 1932, traducido incluso en Italia, en el cual habría que examinar una serie de conceptos con los que, sofísticamente, vuelven a ponerse en circulación posiciones del pasado como si fuesen de actualidad, etc.

físico y de idealismo. El materialismo francés del siglo xviii busca la igualdad en la reducción del hombre a categoría de la historia natural, a individuo de una especie biológica, que no se distingue por notas sociales e históricas sino por dotes naturales; en todo caso esencialmente igual a sus semejantes. Esta concepción ha pasado al sentido común, cuya afirmación popular es que «todos nacemos desnudos» (si es que la afirmación de sentido común no es anterior a la discusión ideológica de los intelectuales). En el idealismo, la afirmación es que la filosofía es la ciencia democrática por excelencia, por cuanto se refiere a la facultad de razonar, común a todos los hombres; esto explica el odio que sienten los aristócratas por la filosofía y las prohibiciones legales contra la enseñanza y la cultura por parte de las clases del antiguo régimen.

Cantidad y cualidad.

Dado que no puede existir cantidad sin cualidad ni cualidad sin cantidad (economía sin cultura, actividad práctica sin inteligencia y viceversa), toda contraposición de los dos términos es un absurdo racionalmente hablando. De hecho, cuando se contrapone la cualidad a la cantidad, con todas las necias variaciones de Guglielmo Ferrero y compañía, se contrapone una cierta cualidad a otra cualidad, una cierta cantidad a otra cantidad, es decir, se hace una determinada política y no una afirmación filosófica. Si el nexo cantidad-cualidad es indivisible, se plantea la cuestión de a qué es más útil aplicar la propia fuerza de voluntad: ¿a desarrollar la cantidad o a desarrollar la cualidad? ¿Cuál de los dos aspectos es más controlable? ¿Cuál se puede medir con más facilidad? ¿En cuál se pueden hacer previsiones, construir planes de trabajo? La respuesta no parece dudosa: en el aspecto cuantitativo. Por consiguiente, afirmar que se quiere laborar sobre la cantidad, que se quiere desarrollar el aspecto «corporal» de la realidad no significa que se quiera dejar de lado la «cualidad» sino que se quiere plantear el problema cualitativo del modo más concreto y realista, es decir, se quiere desarrollar la cualidad de la única manera en que este desarrollo es controlable y mensurable.

La cuestión se relaciona con la que se expresa en el proverbio «Primum vivere, deinde philosophari». En realidad, no se puede separar el vivir del filosofar; sin embargo, el proverbio tiene un significado práctico: vivir significa ocuparse especialmente de la actividad práctica económica, filosofar ocuparse de actividades intelectuales de otium litteratum. Ahora bien, hay quien «vive» únicamente, quien está constreñido a un trabajo servir, extenuante, etc., sin el cual algunos no tendrían la posibilidad de verse exonerados de la actividad económica para filosofar. Sostener la «cualidad» contra la cantidad significa únicamente esto: mantener intactas determinadas condiciones de vida social en las que algunos son pura cantidad, y otras cualidad. ¡Y qué agradable es considerarse representante patentado de la cualidad, de la belleza, del pensamiento, etc.! ¡No hay señora del bello mundo que no esté convencida de cumplir la función de conservar en esta tierra la cualidad y la belleza!

Teoría y práctica.
Se debe investigar, analizar y criticar las diversas formas en que se ha presentado en la historia de las ideas el concepto de unidad de la teoría y de la práctica, pues parece indudable que todas las concepciones del mundo y todas las filosofías se han preocupado de este problema. Santo Tomás y la escolástica afirmaban: «Intellectus speculativa extensione fit practicus» (la teoría se hace práctica por simple extensión);

es decir, afirmaban la necesaria conexión entre el orden de las ideas y el de la acción. Aforismo de Leibniz, tan repetido por los idealistas italianos: «Quo magis speculativa, magis practica», referido a la ciencia. La proposición de G. B. Vico, «verum ipsum factum», tan discutida y diversamente interpretada (cfr. el libro de Croce sobre Vico y los demás escritos polémicos del propio Croce), y que Croce desarrolla en el sentido idealista de que el conocer es un hacer y que se conoce lo que se hace, fórmula en la que el término «hacer» tiene un significado particular, tan particular que no significa nada más que «conocer», con lo cual todo se resuelve en una tautología (concepción que, sin embargo, se debe poner en relación con la concepción propia de la filosofía de la praxis).

Puesto que toda acción es resultado de voluntades diversas, con distintos grados de intensidad, de conciencia, de homogeneidad con todo el cómplejo de la voluntad colectiva, es evidente que la teoría correspondiente e implícita será una combinación de creencias y puntos de vista igualmente separados y heterogéneos. Sin embargo, hay una plena adhesión de la teoría a la práctica, dentro de estos límites, y en estos términos. Si se plantea el problema de identificar la teoría y la práctica, se plantea en este sentido: construir sobre una determinada práctica una teoría que, coincidiendo e identificándose con los elementos decisivos de la práctica misma, acelere el proceso histórico en acto, haciendo la práctica más homogénea, coherente y eficiente en todos sus elementos, es decir, potenciándola al máximo, o bien, dada una cierta posición teórica, organizar el elemento práctico indispensable para su puesta en acción. La identificación de la teoría y la práctica es un acto crítico, con el cual se demuestra que la práctica es racional y necesaria o que la teoría es realista y racional. Por esto el problema de la identidad de la teoría y la práctica se plantea especialmente en los momentos históricos llamados de transición, es decir, de movimiento de transformación más rápido, cuando las fuerzas prácticas desencadenadas exigen realmente ser justificadas para ser más eficientes y expansivas, o se multiplican los programas teóricos que también piden ser justificados realísticamente en la medida que demuestran ser asimilables por unos movimientos prácticos que sólo de este modo se hacen más prácticos y reales.

Estructura y superestructura.

La proposición de la introducción a la *Crítica de la economía política* que dice que los hombres toman conciencia de los conflictos de la estructura en el terreno de las ideologías se debe considerar como una afirmación de valor gnoseológico y no sólo puramente psicológico y moral.[18] De esto se sigue que el principio teórico-práctico de la hegemonía tiene también un alcance gnoseológico y por esto se ha de buscar en este terreno la máxima aportación teórica de Ilich a la filosofía de la praxis. Ilich hizo progresar efectivamente la filosofía como filosofía en la medida en que hizo progresar la doctrina y la práctica política. La realización de un aparato hegemónico, en la medida en que crea un nuevo terreno ideológico, determina una reforma de las conciencias y de los modos de conocimiento, es un hecho de conocimiento, un hecho filosófico. Para decirlo con lenguaje crociano: cuando se consigue introducir una nueva moral conforme a una nueva concepción del mundo, se termina por introducir también esta concepción, es decir, se determina una reforma filosófica total.

---

18   Se refiere a la obra de Karl Marx, *Zur Kritik der politischen Öekonomie* (Contribución a la crítica de la economía política), publicada por primera vez en Berlín en 1859 (N.del T.)

La estructura y las superestructuras forman un «bloque histórico», esto es, el conjunto complejo, contradictorio y discorde de las superestructuras es el reflejo del conjunto de las relaciones sociales de producción. De esto se deduce: que sólo un sistema de ideologías totalizador refleja racionalmente la contradicción de la estructura y representa la existencia de las condiciones objetivas para la inversión de la praxis. Si se forma un grupo social homogéneo al 100 % en lo que a la ideología se refiere, quiere decirse que existen al 100 % las premisas para esta inversión, esto es, que lo «racional es real operativa y actualmente. El razonamiento se basa en la reciprocidad necesaria entre la estructura y la superestructura (reciprocidad que constituye precisamente el proceso dialéctico real).

El término de «catarsis.
Puede utilizarse el término de «catarsis para indicar el paso del momento meramente económico (o egoísta-pasional) al momento ético-político, es decir, al momento de la superior elaboración de la estructura en superestructura en la conciencia de los hombres. Esto significa también el paso «de lo objetivo a lo subjetivo y «de la necesidad a la libertad». La estructura de fuerzas exteriores que aplasta al hombre, lo asimila, lo vuelve pasmo, se transforma en medio de libertad, en instrumento para crear una nueva forma ético-política, origen de nuevas iniciativas. La fijación del momento «catártico» se convierte así, a mi entender, en el punto de partida de toda la filosofía de la praxis; el proceso catártico coincide con la cadena de síntesis que resultan del desarrollo dialéctico.[19]

---

19 Se deben recordar siempre los dos puntos entre los cuales oscila este proceso: a) que ninguna sociedad se plantea tareas para cuya solución no existan ya o estén en vías de aparición las condiciones necesarias y suficientes; b) que ninguna sociedad desaparece antes de haber

El «noumeno» kantiano.

La cuestión de la «objetividad externa de lo real», relacionada con el concepto de la «cosa en sí» y del «noumeno» kantiano. Parece difícil excluir que la «cosa en sí» sea una derivación de la «objetividad externa de lo real» y del llamado realismo greco-cristiano (Aristóteles-santo Tomás); esto se ve incluso en el hecho de que toda la tendencia del materialismo vulgar y del positivismo ha dado lugar a la escuela neokantiana y neocrítica.

Si la realidad es como nosotros la conocemos y nuestro conocimiento cambia continuamente, es decir, si ninguna filosofía es definitiva sino que todas son históricamente determinadas, resulta difícil imaginar que la realidad cambie objetivamente con nuestro cambiar; es difícil que lo admita no sólo el sentido común sino también el pensamiento científico. En *La Sagrada Familia* se dice que toda la realidad se agota en los fenómenos y que más allá de los fenómenos no hay nada; y así es ciertamente. Pero la demostración no es cómoda. ¿Qué son los fenómenos? ¿Son algo objetivo, que existe en sí y por sí, o son cualidades que el hombre ha distinguido como consecuencia de sus intereses prácticos (la construcción de su vida económica) y de sus intereses científicos, esto es, de la necesidad de encontrar un orden en el mundo y de describir y clasificar las cosas (necesidad que también va ligada a intereses prácticos mediatos y futuros)? Hecha la afirmación de que lo que conocemos en las cosas no es más que nosotros mismos, nuestras necesidades y nuestros intereses, es decir, que nuestros conocimientos son superestructuras (o filosofías no definitivas), es difícil evitar que se piense en algo real más allá de estos conocimientos, no en el sentido metafísico de un «nourneno», de un «dios ignoto» o de «un incognoscible», sino en el sentido concreto expresado todo su contenido potencial.

de una «relativa ignorancias de la realidad, de algo todavía «desconocido», que, sin embargo, se podrá conocer algún día, cuando los instrumentos «físicos» e intelectuales de los hombres sean más perfectos, es decir, cuando hayan cambiado en sentido progresivo las condiciones sociales y técnicas de la humanidad. Se hace, por consiguiente, una previsión histórica que consiste simplemente en el acto del pensamiento que proyecta en el futuro un proceso de desarrollo como el que se ha verificado en el pasado, hasta hoy. En todo caso, hay que estudiar a Kant y volver a ver exactamente sus conceptos.

Historia y antihistoria.

Se observará que la actual discusión entre «historia y antihistoria» no es más que la repetición en términos de la cultura filosófica moderna de la discusión sostenida a finales del siglo pasado, en términos de naturalismo y positivismo, sobre si la naturaleza y la historia proceden por «saltos» o sólo por evolución gradual y progresiva. La misma discusión se sostuvo también entre las generaciones precedentes, ya sea en el terreno de las ciencias naturales (doctrinas de Cuvier) ya en el de la filosofía (en Hegel). Debería hacerse la historia de este problema en todas sus manifestaciones concretas y significativas; se vería entonces que siempre ha sido una cuestión actual, porque en todas las épocas ha habido conservadores y jacobinos, progresistas y retrógrados. Pero el significado «teórico» de esta discusión consiste, a mi parecer, en lo siguiente: indica el punto de transición «lógico de toda concepción del mundo a la moral adecuada, de toda «contemplación» a la «acción», de toda filosofía a la acción política que de ella depende. Es decir, es el punto en que la concepción del mundo, la contemplación, la filosofía devienen «reales», porque tienden a modificar el mundo, a invertir la praxis. Por esto se puede decir que constituye el nexo central de la filosofía de la praxis, el punto en que ésta se actualiza, vive históricamente, es decir, socialmente, y no sólo en los cerebros individuales, deja de ser «arbitraria» para convertirse en necesaria racional-real.

El problema tiene que enfocarse históricamente. Puede admitirse que los mascarones nietzscheanos, verbalmente sublevados contra todo lo existente, contra todos los convencionalismos, etc., hayan terminado quitando seriedad a ciertas actitudes y haciéndolas repugnantes; pero en nuestros propios juicios no debemos dejarnos guiar por mascarones. Contra el titanismo formal, la inconstancia, el abstractismo, hay que advertir la necesidad de ser «sobrios» en las palabras y en las actitudes exteriores, precisamente para dar fuerza al carácter y a la voluntad concreta. Pero se trata de una cuestión de estilo, no «teorética».

La forma clásica de este paso de la concepción del mundo a la norma práctica de conducta es, a mi parecer, la que hace surgir de la predestinación calvinista uno de los mayores impulsos para la iniciativa práctica que ha conocido la historia mundial. Del mismo modo, todas las formas de determinismo se han transformado en un cierto momento en espíritu de iniciativa y en extrema tensión de voluntad colectiva.

Filosofía especulativa.

No debemos ocultarnos las dificultades que presenta la discusión y la crítica del carácter «especulativo» de ciertos sistemas filosóficos y la «negación teórica de la «forma especulativa» de las concepciones filosóficas.

Cuestiones que se plantean: *a)* El elemento «especulativo» ¿es propio de toda filosofía?, ¿es la forma que debe asumir toda construcción teórica como tal? Es decir, ¿es el término «especulación» sinónimo de filosofía y de teoría? b) ¿O bien se trata de una cuestión «histórica»: el problema es únicamente un problema histórico y no teórico, en el sentido de que toda concepción del mundo, en una determinada fase histórica, asume una forma especulativa que representa su apogeo y el comienzo de la disolución? Analogía y conexión con el desarrollo del Estado, que pasa de la fase «económico-corporativa» a la fase «hegemónica» (de consentimiento activo). Puede decirse, pues, que toda cultura tiene su momento especulativo y religioso, que coincide con el período de completa hegemonía del grupo social que expresa, y quizá coincide con el momento en que la hegemonía real se disgrega en la base, molecularmente, pero el sistema de pensamiento, precisamente por esto (para reaccionar contra la disgregación), se perfecciona dogmáticamente, se convierte en una «fe» transcendental: por esto se observa que todas las épocas llamadas de decadencia (en las cuales se produce una disgregación del viejo mundo) se caracterizan por un pensamiento refinado y altamente «especulativo».

Por consiguiente, la crítica debe reducir la especulación a sus términos reales de ideología política, de instrumento de acción práctica; pero también la crítica tendrá una fase especulativa, que señalará su apogeo. La cuestión es saber si este apogeo es el comienzo de una fase histórica de nuevo tipo, en la cual al haberse compenetrado orgánicamente la necesidad y la libertad ya no habrá más contradicciones sociales y la única dialéctica será la mental, la de los conceptos y no ya la de las fuerzas históricas.

En el párrafo sobre «El materialismo francés en el siglo xviii» (de *La Sagrada Familia)* se expone con bastante claridad la génesis de la filosofía de la praxis: es el «materialismo» perfeccionado por la labor de la propia filosofía especulativa y fundido con el humanismo. Es verdad que, con estos perfeccionamientos, del viejo materialismo no queda más que el realismo filosófico.

Otro punto a meditar es el siguiente: si la concepción del «espíritu de la filosofía especulativa es una transformación actualizada del viejo concepto de «naturaleza humana» tan propio de la transcendencia como del materialismo vulgar; es decir, si la concepción del «espíritu» es algo más que el viejo «Espíritu Santo» especulativizado. Se podría decir, entonces, que el idealismo es intrínsecamente teológico.

¿No ha introducido la «especulación» (en sentido idealista) una transcendencia de nuevo tipo en la reforma filosófica caracterizada por las concepciones inmanentistas? Todo parece indicar que la única concepción consecuentemente «inmanentista» es la filosofía de la praxis. Es preciso volver a ver y criticar todas las teorías historicistas de carácter especulativo. Desde este punto de vista se podría escribir un nuevo *AntiDühring*, que podría ser una «Anti-Croce», resumiendo no sólo la polémica contra la filosofía especulativa sino también la polémica contra el positivismo y el mecanicismo y las formas corruptas de la filosofía de la praxis.

«Objetividad» del conocimiento.

Para los católicos, «...toda la teoría idealista descansa en la negación de la objetividad de nuestro conocimiento y en el monismo idealista del «Espíritu» (equivalente, como monismo, al positivista de la «Materia»), por el cual, el mismo fundamento de la religión, Dios, no existe objetivamente fuera de nosotros sino que es una creación del intelecto. Por consiguiente, el idealismo es tan radicalmente contrario a la religión como el materialismo»[20]

La cuestión de la «objetividad» del conocimiento según la filosofía de la praxis se puede elaborar a partir de la proposición (contenida en el prefacio de la Crítica de la economía política) de que «los hombres toman conciencia (del conflicto entre las fuerzas materiales de producción) en el terreno ideológico» de las formas jurídicas, políticas, religiosas, artísticas, filosóficas. Pero esta conciencia ¿se limita al conflicto entre las fuerzas materiales de producción y las relaciones de producción -según la letra del texto- o se refiere a todo conocimiento consciente? Este es el punto que hay que elaborar y que puede elaborarse con todo el conjunto de la doctrina filosófica del valor de las superestructuras. ¿Qué significará, en este caso, el término de «monismo»? No será, ciertamente, ni el materialista ni el idealista, sino que consistirá en la identidad de los contrarios en el acto histórico concreto, es decir, actividad humana (historia-espíritu) en concreto, indisolublemente ligada a una cierta «materia» organizada (historificada), a la naturaleza transformada por el hombre. Filosofía del acto (praxis, desarrollo) pero no del acto «puro», sino del acto «impuro», real, en el sentido más profano y mundano de la palabra.

Pragmatismo y política.

No parece que se pueda criticar el «pragmatismo» (de James, etc.) sin tener en cuenta el marco histórico anglosajón en que ha nacido y se ha difundido. Si es cierto que toda filosofía es una «política» y que todo filósofo es esencialmente un hombre político, tanto más puede decirse del pragmatista, que construye la filosofía «utilitariamente»,

---

[20] Cfr. el artículo del padre Mario BARBERA en «Civiltà Cattolica» del primero de junio de 1929.

en sentido inmediato. Esto no es imaginable (como movimiento) en los países católicos, donde la religión y la vida cultural se han separado desde la época del Renacimiento y de la Contrarreforma, pero sí lo es en los países anglosajones, donde la religión va muy ligada a la vida cultural de todos los días y no está burocráticamente centralizada ni intelectualmente dogmatizada. En todo caso, el pragmatismo se evade de la esfera religiosa positiva y tiende a crear una moral laica (de tipo no francés), tiende a crear una «filosofía popular» superior al sentido común, es más un «partido ideológico» que un sistema de filosofía.

Si se examina el principio del pragmatista tal como lo expone James -«El mejor método para discutir los diversos puntos de una teoría cualquiera consiste en poner en claro qué diferencia práctica habría en el hecho de que cada uno de los términos de la alternativa fuesen verdaderos»-,[21] si se examina este principio, decimos, se ve la inmediatez del politicismo filosófico del pragmatismo. El filósofo «individual» del tipo italiano o alemán está ligado a la «práctica» de modo mediato (y a menudo la mediación es una cadena de muchos eslabones); en cambio, el pragmatista quiere ligarse a ella inmediatamente, pero en realidad parece que el filósofo -de tipo italiano o alemán es más «práctico» que el pragmatista que juzga la realidad inmediata, a menudo vulgar, pues se propone un fin más alto, su blanco es también más alto y, por consiguiente, tiende a elevar el nivel cultural existente (cuando de verdad tiende a ello, naturalmente). Hegel se puede considerar el precursor teórico de las revoluciones liberales del 800. Los pragmatistas, en el mejor de los casos, han ayudado a crear el movimiento del Rotary Club o a jus-

---

21
W. JAMES, *Le varie forme della esperienza religiosa - Studio sulla natura umana*, trad. italiana de G. C. Ferrari y M. Calderoni, Ed. Bocea, 1904, p. 382.

tificar todos los movimientos conservadores y retrógrados (a justificarlos de hecho y no sólo por deformación polémica, como ocurrió con Hegel en relación con el Estado prusiano).

Ética.
La máxima de Kant «Compórtate de modo que tu conducta pueda convertirse en norma para todos los hombres en condiciones similares» es menos simple y evidente de lo que parece a primera vista. ¿Qué se entiende por «condiciones similares»? ¿Las condiciones inmediatas en que se opera o las condiciones generales, complejas y orgánicas, cuyo conocimiento exige una investigación larga y críticamente elaborada? (Fundamento de la ética socrática, en la cual la voluntad «moral» tiene su base en el intelecto, en la sapiencia, y, por ello, el mal comportamiento se debe a la ignorancia, etc., y la investigación del conocimiento crítico es la base de una moral superior o de la moral sin más.)

La máxima kantiana se puede considerar una perogrullada, pues es difícil encontrar una persona que no opere creyendo encontrarse en las condiciones en que todos operarían como él. El que roba por hambre considera que todos los que tengan hambre robarán; el que asesina a la mujer infiel considera que todos los maridos traicionados deberían asesinar a sus mujeres, etc. Sólo los «locos», en el sentido clínico, actúan sin creer que están en lo justo. La cuestión se relaciona con otras: a) todos son indulgentes consigo mismos, porque cuando operan no «conformísticamente» conocen el mecanismo de las propias sensaciones y de los propios juicios, de la cadena de causas y efectos que los han llevado a operar -en cambio son rigurosos con los demás, porque no conocen su vida interior-; b) todos operan según su cultura, es decir, la cultura de su ambiente, y «todos los hombres» son para cada cuál su propio ambiente, los que piensan como él: la máxima de Kant presupone una sola cultura, una sola religión, un conformismo «mundial».

La objeción que no parece exacta es la de que no existen las «condiciones similares» porque entre las condiciones está comprendido el individuo que opera, su individualidad, etc. Puede decirse que la máxima de Kant está ligada a la época, al iluminismo cosmopolita y a la concepción critica del autor, es decir, está ligada a la filosofía de los intelectuales como estrato social cosmopolita. Por consiguiente, el que opera es el portador de las «condiciones similares», o sea, el creador de éstas; dicho de otra manera: «debe» operar según un «modelo» que quisiera difundir entre todos los hombres, según un tipo de civilización por cuyo establecimiento lucha o en favor de cuya conservación «resiste» contra las fuerzas disgregadoras, etc.

Escepticismo.

La objeción de sentido común que se puede hacer al escepticismo es que para ser coherente consigo mismo, el escéptico tendría que vivir como un vegetal, sin meterse en los asuntos de la vida común. Si el escéptico interviene en la discusión, significa que cree poder convencer, es decir, deja de ser un escéptico, pero representa una determinada opinión positiva, habitualmente mala, y sólo puede triunfar convenciendo a la comunidad de que los otros son todavía peores por inútiles. El escepticismo se relaciona con el materialismo vulgar y con el positivismo: es interesante un párrafo de Roberto Ardigò en el que se dice que hay que alabar a Bergson por su voluntarismo. Pero, ¿qué significa esto? Buscar en un sistema opuesto el elemento necesario para la vida práctica, ¿no equivale a confesar la impotencia de la propia filosofía para explicar el mundo? Este punto de Ardigò (contenido en los *Scriti vari,* ordenados por G. Marchesini, Florencia, Le Monnier, 1922) debe relacionarse con las tesis de Marx sobre Feuerbach y demuestra hasta qué punto Marx había superado la posición filosófica del materialismo vulgar.

Concepto de «ideología».

La «ideología» ha sido un aspecto del «sensismo», o sea del materialismo francés del siglo XVIII. Su significado originario era el de «ciencia de las ideas», y dado que el único método reconocido y aplicado de esta ciencia era el análisis, su significado exacto era «análisis de las ideas», es decir, «investigación del origen de las ideas». Las ideas tenían que descomponerse en sus «elementos» originarios y éstos no podían ser otros que las «sensaciones»: las ideas derivan de las sensaciones. Pero el sensismo podía asociarse sin grandes dificultades con la fe religiosa, con las creencias más extremas en la «potencia del Espíritu» y en sus «destinos inmortales»; por esto Manzoni, después de su conversión o retorno al catolicismo, e incluso al escribir los *Inni Sacri,* pudo mantener su adhesión al sensismo, hasta que conoció la filosofía de Rosmini.[22]

Debe examinarse históricamente -puesto que desde el punto de vista lógico el proceso es fácil de captar y compren-

---

[22] El más eficaz propagador literario de la ideología ha sido Destutt de Tracy (1754-1836), por la facilidad y la popularidad de su exposición. Otro propagador ha sido el doctor Cabanis con su *Rapport du Physique et du Moral* (Condillac, Helvétius, etc., son más estrictamente filósofos). Ligamen entre catolicismo e ideología: Manzoni, Cabanis, Bourget, Taine (Taine es el jefe de escuela para Maurras y otros autores de orientación católica) -«novela psicológica» (Stendhal fue alumno de De Tracy, etc.). La obra principal de Destutt de TRACY es *Éléments d'Idéologie* (París, 1817-18), más completa en la traducción italiana, *Elementi di Ideologia. Del conte Destutt de Tracy,* realizada por C. Compagnoni, Milán, Stamperia di Giambattista Sonzogno, 1819 (en el texto francés falta toda una sección, creo que la que trata del Amor, que Stendhal conoció y utilizó gracias a la traducción italiana).

der- cómo el concepto de ideología ha pasado de significar «ciencia de las ideas», «análisis del origen de las ideas», a significar un determinado «sistema de ideas».

Puede decirse que Freud es el último ideólogo y que De Man es «ideólogo»; por esto resultaría tan extraño el «entusiasmo» de Croce y los crocianos por De Man, de no existir una justificación «práctica» de tal entusiasmo. Debe examinarse cómo el autor del *Ensayo popular*[23] ha quedado atrapado en la Ideología, cuando la filosofía de la praxis representa una neta superación de ésta y se contrapone históricamente a la misma. El significado que el término de «ideología» ha tomado en la filosofía de la praxis contiene implícitamente un juicio de desvalorización y excluye que para sus fundadores el origen de las ideas tuviese que buscarse en las sensaciones y, en última instancia, en la fisiología: esta misma «ideología» tiene que analizarse históricamente, según la filosofía de la praxis, como una superestructura.

Me parece que uno de los elementos de error en la consideración del valor de las ideologías se debe al hecho (nada casual, por lo demás) de que tanto se da el nombre de ideología a la superestructura necesaria de una determinada estructura como a las elucubraciones arbitrarias de determinados individuos. El sentido peyorativo de la palabra se ha extendido y esto ha modificado y desnaturalizado el análisis teórico del concepto de ideología. Puede reconstruirse fácilmente el proceso de este error: a) se identifica la ideología como algo distinto a la estructura y se afirma que no son las ideologías las que modifican las estructuras sino al contrario; b) se afirma que una determinada solución política es «ideológica» y que, por consiguiente, aunque cree poder modificar la estructura es insuficiente para modificarla; se afirma que es

---

23 N. BUJARIN *La teoría del materialismo histórico. Manual popular de la sociología marxista*. (flota de los editores italianos.)

inútil, estúpida, etc.; c) se pasa a afirmar que toda ideología es «pura» apariencia, inútil, estúpida, etc.

Se debe distinguir, por consiguiente, entre ideologías históricamente orgánicas, es decir necesarias a una cierta estructura, e ideologías arbitrarias, racionalísticas, «voluntarias». En la medida en que son históricamente necesarias, tienen una validez «psicológica», «organizan» las masas humanas, forman el terreno en que los hombres se mueven, adquieren conciencia de su posición, luchan, etc. En la medida en que son «arbitrarias» sólo crean «movimientos» individuales, polémicas, etc. (pero ni siquiera éstas son completamente inútiles, porque son como el error que se contrapone a la verdad y la afirma).

Recuérdese la frecuente afirmación de Marx sobre la «solidez de las creencias populares» como elemento necesario de una determinada situación. Dice, poco más o menos, «cuando este modo de concebir tendrá la fuerza de las creencias populares», etc. Otra afirmación de Marx es que una convicción popular tiene a menudo la misma energía que una fuerza material o algo parecido; es una afirmación muy significativa. Creo que el análisis de esta afirmación lleva a reforzar el concepto de «bloque histórico», en el cual las fuerzas materiales son el contenido y las ideologías la forma; esta distinción de forma y contenido se hace meramente a efectos didácticos, porque las fuerzas materiales no se pueden concebir históricamente sin forma y las ideologías serían caprichos individuales sin las fuerzas materiales.

3 La ciencia y las ideologías «científicas»

La afirmación de Eddington «Si en el cuerpo de un hombre eliminásemos todo el espacio sin materia y reuniésemos sus protones y electrones en una sola masa, el hombre (el cuerpo del hombre) se reduciría a un corpúsculo apenas visible con el microscopio»[1] ha impresionado y ha puesto en movimiento la fantasía de G. A. Borgese (cfr. su librito).

Pero, ¿qué significa concretamente la afirmación de Eddington? Si se reflexiona un poco, se verá que, aparte de su significado literal, no quiere decir nada. Suponiendo que se hiciese dicha reducción (¿la hiciese quién?), siempre y cuando se aplicase por igual a todos los seres humanos, las relaciones no cambiarían, las cosas seguirían como están. Sólo cambiarían las cosas si los hombres o determinados hombres sufriesen esta reducción de modo que se realizasen algunos capítulos de Los *viajes de Gulliver,* con los liliputenses, y los gigantes (entre ellos Borgese-Gulliver).

Se trata, en realidad, de puros juegos de palabras, de ciencia novelada, no de un nuevo pensamiento científico o filosófico;

---

[1] Cfr. *La natura del mondo fisico,* ed. francesa, p. 20.

es un modo de plantear la cuestión que sólo sirve para hacer correr la fantasía de las cabezas vacías. ¿O es que la materia vista con el microscopio ya no es materia realmente objetiva sino una creación del espíritu humano que no existe objetiva o empíricamente? Cabría recordar, al respecto, la historia hebrea de la muchacha que ha sufrido un daño pequeño, pequeño, ...como una uñarada. En la física de Eddington y en muchas otras manifestaciones científicas modernas, la sorpresa del lector ingenuo depende del hecho de que las palabras utilizadas para indicar determinados hechos indican arbitrariamente -por la forma en que se utilizan- hechos absolutamente distintos. Un cuerpo sigue siendo «macizo» en el sentido tradicional aunque la «nueva» física demuestre que está constituido por 1/1.000.000 de materia y 999.999 partes de vacío. Un cuerpo es «poroso» en el sentido tradicional y no en el sentido de la «nueva» física, ni siquiera después de la afirmación de Eddington. La posición del hombre sigue siendo la misma, ninguno de los conceptos fundamentales de la vida es zarandeado y, menos todavía, destruido. Las glosas de los diversos Borgese sólo servirán, a la larga, para hacer ridículas las concepciones subjetivistas de la realidad que permiten tan triviales juegos de palabras.

El profesor Mario Camis[2] escribe: «Al considerar las dimensiones extremada-mente pequeñas con que operan estos métodos de investigación, nos venía a la memoria la expresión de uno de los participantes en el último Congreso de Filosofía de Oxford que, según cuenta Borgese, al referirse a los fenómenos infinitamente pequeños que tanto atraen hoy la atención señalaba que no se pueden considerar independientemente del sujeto que observa». Son palabras que inducen a muchas reflexiones y que vuelven a plantear, desde puntos de vista

---

2 «Nuova Antologia» del 1 de noviembre de 1931, en la rúbrica «Scienze biologiche e mediche».

completamente nuevos, los grandes problemas de la existencia subjetiva del universo y del significado de las informaciones sensoriales en el pensamiento científico.» Que yo sepa, éste es uno de los escasos ejemplos de infiltración entre los científicos italianos del modo de pensar funambulista de algunos científicos, especialmente ingleses, a propósito de la «nueva» física. El profesor Camis tendría que haber pensado que, si la observación señalada por Borgese hace reflexionar, la primera reflexión tendría que ser ésta: que la ciencia no puede seguir existiendo como hasta ahora sino que debe transformarse en una serie de actos de fe en las afirmaciones de los individuos experimentadores, porque los hechos observados no existen independientemente de su espíritu. ¿No se ha manifestado hasta ahora todo el progreso científico en el hecho de que las nuevas experiencias y observaciones han corregido y ampliado las experiencias y las observaciones precedentes? ¿Cómo podría ocurrir esto si la experiencia dada no pudiese ser reproducida, controlada y ampliada por otro observador, dando lugar a nuevos y originales nexos? Pero la superficialidad de la observación de Camis resulta precisamente del contexto del artículo del que he extraído la cita anterior, porque en él Camis explica implícitamente cómo se puede y se debe entender en un sentido meramente empírico y no filosófico la frase que tanto ha hecho delirar a Borgese. El escrito de Camis es una recensión de la obra *On the principles of renal function* de Gósta Ekehorn (Estocolmo, 1931). Se habla de experiencias sobre elementos tan pequeños que no se pueden describir (y esto también se entiende en sentido relativo) con palabras válidas y representativas para los demás; por tanto, el experimentador no consigue todavía separar estas experiencias de su propia personalidad subjetiva y objetivarlas: todo experimentador debe llegar a la percepción con medios propios, directamente, siguiendo detalladamente todo el proceso. Formulemos una hipótesis:

que no existen microscopios y que sólo algunos hombres tienen la agudeza visual natural equivalente a la del ojo normal armado con el microscopio. En esta hipótesis es evidente que las experiencias del observador dotado de una vista excepcional no se pueden separar de su personalidad física y psíquica, y no se puede «repetir». Sólo la invención del microscopio igualará las condiciones físicas de la observación y permitirá a todos los científicos reproducir la experiencia y desarrollarla colectivamente. Pero esta hipótesis sólo permite observar e identificar una parte de las dificultades; en las experiencias no sólo está en juego la fuerza visual. Como dice Camis: Ekehorn pincha un glomérulo de riñón de rana con una cánula, «preparación» que exige tanta finura y está tan ligada *a las indefinibles e inimitables intuiciones* manuales del experimentador que el mismo Ekehorn al describir la operación del corte al sesgo del capilar de cristal dice que no puede formular los preceptos con palabras y tiene que limitarse a una vaga indicación». El error consiste en creer que estos fenómenos sólo se verifican en el experimento científico. En realidad, en todas las fábricas existen especialistas singulares para determinadas operaciones industriales de precisión; y la capacidad de estos especialistas se basa precisa y únicamente en la extrema sensibilidad de su vista, de su tacto, de su rapidez de gesto. En los libros de Ford se pueden encontrar numerosos ejemplos de esto: en la lucha contra el rozamiento, para obtener superficies sin la más mínima granulosidad o desigualdad (lo cual permite un notable ahorro de material) se han hecho avances increíbles con ayuda de las máquinas eléctricas las cuales comprueban la perfecta adherencia del material en un grado imposible para el hombre. Recuérdese el hecho referido por Ford del técnico escandinavo que consiguió dar al acero una superficie tan regular que para separar dos superficies adheridas se necesita un peso de varios quintales.

Por consiguiente, lo que señala Carvis no tiene nada que ver con las fantasías de Borgese y de sus fuentes. Si fuese cierto que los fenómenos infinitamente pequeños no se pueden considerar existentes al margen del sujeto que los observa, no serían, en realidad, «observados» sino «creados» y entrarían en el ámbito de la pura intuición fantástica del individuo. También se tendría que plantear la cuestión de si el mismo individuo puede crear (observar) «dos veces» el mismo hecho. Ni siquiera se trataría de «solipsismo» sino de demiurgia o de brujería. El objeto de la ciencia no serían entonces los fenómenos (inexistentes) sino estas intuiciones fantásticas; ocurriría en la ciencia como en las obras de arte. La multitud de los científicos, carentes de facultades demiúrgicas, se limitarían a estudiar científicamente al pequeño grupo de grandes científicos taumaturgos. Pero si, por el contrario, y pese a todas las dificultades prácticas inherentes a la distinta sensibilidad individual, el fenómeno se repite y puede ser *observado* objetivamente por varios científicos, independientemente unos de otros, ¿qué significa la afirmación citada por Borgese sino una metáfora para indicar las dificultades inherentes a la descripción y a la representación objetiva de los fenómenos observados? Y no parece difícil explicar esta dificultad: *a)* por la incapacidad literaria de los científicos, hasta ahora preparados *didácticamente* sólo para describir y representar los fenómenos macroscópicos; *b)* por la insuficiencia del lenguaje común, fraguado también para los fenómenos macroscópicos; c) por el desarrollo relativamente escaso de estas ciencias microscópicas, que esperan un ulterior desarrollo de sus métodos y criterios para ser comprendidas por muchos mediante la comunicación literaria (y no sólo mediante la visión experimental directa, privilegio de poquísimos); d) también cabe recordar que muchas experiencias microscópicas son experiencias indirectas, en cadena, cuyo resultado «se ve» en los resultados y no en acto (tal es el caso, por ejemplo, de las experiencias de Rutherford).

Se trata, en todo caso, de una fase transitoria e inicial de una nueva época científica que, al combinarse con una gran crisis intelectual y moral, ha producido una nueva forma de «sofística» que reclama los sofismas clásicos de Aquiles y la tortuga, del montón y del grano, de la flecha disparada por el arco que nunca llega a su objetivo, etc. Pero estos sofismas han representado una fase en el desarrollo de la filosofía y de la lógica y han servido para refinar los instrumentos del pensamiento.

Hay que recoger las principales definiciones de la ciencia (en el sentido de ciencia natural). «Estudio de los fenómenos y de sus leyes de similitud (regularidad), de coexistencia (coordinación), de sucesión (causalidad).» Otras tendencias, teniendo en cuenta que la ciencia establece un ordenamiento más cómodo entre los fenómenos, de modo que sean más fáciles de captar por el pensamiento y de dominar para los fines de la acción, definen la ciencia como «la descripción más económica de la realidad».

La cuestión más importante que se debe resolver en relación con el concepto de ciencia es si la ciencia puede dar, y de qué modo, la «corteza» de la existencia objetiva de la llamada realidad externa. Para el sentido común, la cuestión ni siquiera se plantea. Pero, ¿de dónde proviene la certeza del sentido común? Esencialmente, de la religión (por lo menos del cristianismo, en Occidente); pero la religión es una ideología, la más arraigada y difundida, no una prueba o una demostración. Se puede sostener que es un error pedir a la ciencia como tal la prueba de la objetividad de lo real, porque esta objetividad es una concepción del mundo, una filosofía y no puede ser un dato científico. ¿Qué puede darnos la ciencia al respecto? La ciencia selecciona las sensaciones, los elementos primordiales del conocimiento: considera ciertas sensaciones transitorias, aparentes, falaces, porque dependen de condiciones individuales especiales y, en cambio, considera otras sensaciones duraderas, permanentes, superiores a las condiciones individuales especiales.

La labor científica tiene dos aspectos principales: uno que rectifica incesantemente el modo del conocimiento, rectifica y refuerza los órganos de las sensaciones, elabora principios nuevos y complejos de inducción y deducción, esto es, afina los instrumentos de la experiencia y de su control; otro que aplica este complejo instrumental (de instrumentos materiales y mentales) al establecimiento de lo que hay en las sensaciones de necesario o de arbitrario, individual, transitorio. Es decir, se establece lo que es común a todos los hombres, lo que todos pueden controlar del mismo modo, independientemente unos de otros, siempre y cuando observen igualmente las condiciones técnicas de verificación. «Objetivo» significa únicamente que se afirma que es objetiva, realidad objetiva, la realidad verificada por todos los hombres, independiente de cada punto de vista meramente particular o de grupo.

Pero, en el fondo, también se trata de una concepción particular del mundo, de una ideología. Ahora bien, la filosofía de la praxis puede aceptar esta concepción, globalmente y por la orientación que marca; en cambio debe rechazar la del sentido común aunque lleve materialmente a la misma conclusión. El sentido común afirma la objetividad de lo real porque la realidad, el mundo, ha sido creado por Dios independientemente del hombre, antes del hombre; es, por consiguiente, la expresión de la concepción mitológica del mundo; por otro lado, al describir esta objetividad, el sentido común cae en los errores más groseros; en gran parte, se ha quedado en la fase de la astronomía ptolemaica, no sabe establecer los nexos reales de causa y efecto, etc., es decir, afirma como «objetiva» una cierta «subjetividad» anacrónica porque ni siquiera concibe que pueda existir una concepción subjetiva del mundo ni sabe lo que esto puede significar.

Pero, ¿todo lo que la ciencia afirma es «objetivamente» verdadero? ¿De modo definitivo? Si las verdades científicas fuesen definitivas, la ciencia habría dejado de existir como tal, como investigación, como nueva experimentación, y la actividad científica se reduciría a una divulgación de lo ya descubierto. Lo cual, por suerte para la ciencia, no es verdad. Pero si las verdades científicas tampoco son definitivas y perentorias, la ciencia es una categoría histórica, un movimiento en constante desarrollo. Sólo que la ciencia no habla de ninguna forma de «incognoscible» metafísico, sino que reduce lo que el hombre no conoce a un empírico «no conocimiento» que no excluye la cognoscibilidad sino que la condiciona al desarrollo de los instrumentos físicos y al desarrollo de la inteligencia histórica de los científicos individuales.

Si es así efectivamente, lo que interesa a la ciencia no es tanto la objetividad de lo real como el hombre que elabora sus métodos de investigación, que rectifica continuamente los instrumentos materiales que refuerzan los órganos sensoriales y los instrumentos lógicos (incluyendo las matemáticas) de discriminación y verificación, es decir, la cultura, la concepción del mundo, la relación entre el hombre y la realidad con la mediación de la tecnología. Buscar la realidad fuera de los hombres, es decir, entenderla en sentido religioso o metafísico, aparece, incluso en la ciencia, como una paradoja. Sin el hombre, ¿qué significaría la realidad del universo? Toda la ciencia está ligada a las necesidades, a la vida, a la actividad del hombre. Sin la actividad del hombre, creadora de todos los valores, incluso los científicos, ¿qué sería la «objetividad»? Un caos, es decir, nada, el vacío, si así puede decirse, porque realmente, si se imagina que el hombre no existe no se puede imaginar ni la lengua ni el pensamiento. Para la filosofía de la praxis, el ser no se puede separar del pensar, el hombre de la naturaleza, la actividad de la materia, el sujeto del objeto; si se hace esta separación se cae en una de tantas formas de religión, o en la abstracción sin sentido.

Considerar la ciencia como la base de la vida, hacer de la ciencia la concepción del mundo por excelencia, la que destruye todas las ilusiones ideológicas, que sitúa al hombre frente a la realidad tal como es, significa recaer en la concepción de que la filosofía de la praxis necesita apoyos filosóficos exteriores a ella. Pero, en realidad, incluso la ciencia es una superestructura, una ideología. ¿Puede decirse, sin embargo, que en el estudio de las superestructuras la ciencia ocupa un lugar privilegiado, porque su reacción sobre la estructura tiene un carácter particular, de mayor extensión y mayor continuidad de desarrollo, especialmente después del setecientos, cuando se otorgó a la ciencia un lugar aparte en la estimación general? Que la ciencia es una superestructura lo demuestra también el hecho de que ha tenido períodos de eclipse, períodos en que ha sido oscurecida por otra ideología dominante, la réligión, que afirmaba que había absorbido la ciencia misma; así, por ejemplo, la ciencia y la técnica de los árabes les parecían a los cristianos pura brujería. Más aún: pese a los esfuerzos de los científicos, la ciencia no se presenta nunca como una noción puramente objetiva; siempre va envuelta en una ideología; concretamente: la ciencia es la unión del hecho objetivo con una hipótesis o un sistema de hipótesis que superan el mero hecho objetivo. Es verdad, sin embargo, que en este terreno es relativamente fácil distinguir la noción objetiva del sistema de hipótesis con un proceso de abstracción ínsito en la propia metodología científica, de tal modo que podemos apropiarnos de la una y rechazar el otro. Por esto un grupo social puede apropiarse de la ciencia de otro grupo sin aceptar su ideología (la ideología de la evolución vulgar, por ejemplo), así que caen las observaciones a propósito de Missiroli (y de Sorel).

Cabe señalar que la infatuación superficial por la ciencia va acompañada, en realidad, de la mayor ignorancia de los hechos y de los métodos científicos, cosas muy difíciles y que cada día lo son más por la progresiva especialización de nuevos sectores de investigación. La superstición científica lleva consigo ilusiones tan ridículas y concepciones tan infantiles que la misma superstición religiosa resulta ennoblecida. El progreso científico ha hecho nacer la creencia y la esperanza en un nuevo tipo de Mesías, que realizará en esta tierra el reino de Jauja; las fuerzas de la naturaleza, sin ninguna intervención del esfuerzo humano, por obra de mecanismos cada vez más perfeccionados, darán en abundancia a toda la sociedad lo suficiente para satisfacer sus necesidades y vivir desahogadamente. Esta infatuación, cuyos peligros son evidentes (la supersticiosa fe abstracta en la fuerza taumatúrgica del hombre lleva, paradójicamente, a esterilizar las bases mismas de esta fuerza y a destruir todo el amor por el trabajo concreto y necesario, para caer en la fantasía, como si se hubiese fumado una nueva especie de opio), tiene que combatirse con diversos medios, el más importante de los cuales debería ser un mejor conocimiento de las nociones científicas esenciales, divulgando la ciencia por obra de científicos y de estudiosos serios y no de periodistas omniscientes y de autodidactas presuntuosos. Al esperarse demasiado de la ciencia se la concibe, en realidad, como una brujería superior y por esto no se consigue valorar realísticamente lo que la ciencia ofrece de concreto.

Segunda parte
Algunos problemas para el estudio de la filosofía de la praxis

Posición del problema.
Producción de nuevas *Weltanschauungen* que fecunda y alimenta la cultura de una época histórica y producción filosóficamente orientada según las *Weltanschauungen* originales. Marx es un creador de *Weltanschauung,* pero ¿cuál es la posición de Ilich? ¿Es puramente subordinada y subalterna? La explicación se encuentra en el mismo marxismo-ciencia y acción.

El paso de la utopía a la ciencia y de la ciencia a la acción. La fundación de una clase dirigente (es decir, de un Estado) equivale a la creación de una *Weltanschauung.* ¿Cómo debe entenderse la expresión de que el proletariado alemán es el heredero de la filosofía clásica alemana? ¿No quería Marx indicar con ello la función histórica de su filosofía, convertida en teoría de una clase hecha Estado? Para Ilich esto ha ocurrido realmente en un territorio determinado. En otro lugar me he referido a la importancia filosófica del concepto y del hecho de la hegemonía, debidos a Ilich. La hegemonía realizada significa la crítica real de una filosofía, su dialéctica real. Compárese lo que escribe Graziadei[3] en la introducción a *Prezzo e sopra-*

---
3 Graziadei está atrasado en relación con monseñor Olgiati; éste, en su volumen sobre Marx, no encuentra otra comparación posible que con Jesucristo, comparación que para un prelado es el colmo de la concesión porque cree en la naturaleza divina de Cristo.

pprezzo: sitúa a Marx como unidad de una serie de grandes científicos. Error fundamental: ninguno de los otros ha producido una concepción del mundo original e integral. Marx inicia intelectualmente una época histórica que durará probablemente siglos, hasta la desaparición de la sociedad política y el advenimiento de la sociedad regulada. Sólo entonces será superada su concepción del mundo (concepción de la necesidad superada por la concepción de la libertad).

Es estúpido y ocioso hacer un paralelismo entre Marx e Ilich para llegar a una jerarquía. Expresan dos fases: ciencia - acción, homogéneas y heterogéneas al mismo tiempo.

Del mismo modo sería históricamente absurdo un paralelismo entre Cristo y san Pablo: Cris*to-Weltanschauung--san* Pablo-organizador, acción, expansión de la *Weltans-chauung:* ambos son necesarios en la misma medida, pero su estatura histórica es la misma. El cristianismo se podría denominar históricamente cristianismo--paulismo; sería la expresión más exacta (sólo la creencia en la divinidad de Cristo lo ha impedido, pero esta creencia es también un elemento histórico y no teórico).

Cuestiones de método.

Si se quiere estudiar el nacimiento de una concepción del mundo que no ha sido expuesta sistemáticamente por su fundador (y cuya coherencia esencial no debe buscarse en cada escrito o en cada serie de escritos sino en todo el desarrollo de la diversa labor intelectual, en la que están implícitos los elementos de la concepción), debe hacerse de modo preliminar una labor filológica minuciosa y llevada a cabo con el máximo escrúpulo de exactitud, de honestidad científica, de lealtad intelectual, de rechazo de todo prejuicio, apriorismo o partidismo. En primer lugar, debemos reconstruir el proceso de desarrollo intelectual del pensador en cuestión para identificar los elementos que han resultado estables y «permanentes», es decir, que han sido asumidos como pensamiento propio, distinto y superior al «material» precedentemente estudiado y que ha servido de estímulo; sólo estos elementos son momentos esenciales del proceso de desarrollo. Esta selección puede hacerse para períodos más o menos largos, tal como resulta de lo intrínseco y no de noticias externas (que también pueden utilizarse) y da lugar a una serie de «desviaciones», es decir, de doctrinas y teorías parciales por las que el pensador puede haber tenido, en ciertos momentos, simpatía hasta haberlas aceptado provisionalmente y haberse servido de ellas para su labor crítica o de creación histórica y científica.

Es observación común de todo estudioso, como experiencia personal, que toda nueva teoría estudiada con «heroico furor» (es decir, cuando no se estudia por mera curiosidad exterior sino por un profundo interés) durante cierto tiempo, especialmente si se es joven, atrae por sí misma, se adueña de toda la personalidad y es limitada por la teoría sucesivamente estudiada hasta que se establece un equilibrio crítico y se estudia con profundidad pero sin rendirse en seguida a la fascinación del sistema o del autor estudiado. Estas observaciones valen tanto más cuanto que el pensador en cuestión es más bien impetuoso, de carácter polémico, falto del espíritu de sistema, cuando se trata de una personalidad en la cual la actividad teórica y la práctica están indisolublemente ligadas, de un intelecto en continua creación y en perpetuo movimiento, que siente vigorosamente la autocrítica del modo más despiadado y consecuente.

Dadas dichas premisas, la labor debe seguir estas líneas: *a)* reconstrucción de la biografía, no sólo en lo que concierne a la actividad práctica sino, especialmente, en lo relativo a la actividad intelectual; b) registro de todas las obras, incluso las menos importantes, por orden cronológico, dividiéndolo según motivos de tipo intrínseco: de formación intelectual, de madurez, de dominio y aplicación del nuevo modo de pensar y de concebir la vida y el mundo. La investigación del *leit-motiv*, del ritmo del pensamiento en desarrollo tiene que ser más importante que las afirmaciones aisladas y casuales o que los aforismos separados.

Esta labor preliminar hace posible toda la investigación ulterior. Además, entre las obras del pensador en cuestión se deben distinguir las que ha llevado a término y ha publicado y las que han permanecido inéditas por incompletas y han sido publicadas por algún amigo o discípulo, no sin revisiones, reelaboraciones, cortes, etc., es decir, no sin una intervención activa del editor. Es evidente que el contenido de estas obras póstumas debe asumirse con mucha discreción y cautela, porque no se puede considerar definitivo; no es más que un material en proceso de elaboración, provisional; no se puede excluir que el autor repudiase totalmente o en parte o no considerase satisfactorias estas obras, especialmente si hacía mucho tiempo que las estaba elaborando y no se decidía nunca a completarlas.

En el caso específico del fundador de la filosofía de la praxis la obra literaria debe clasificarse en los siguientes apartados: *a)* trabajos publicados bajo la responsabilidad directa del autor: entre ellos se deben considerar, en líneas generales, no sólo los dados materialmente a la imprenta sino también los «publicados» o puestos en circulación de uno u otro modo por el autor, como las cartas, las circulares, etc. (un ejemplo típico son las *Glosas al programa de Gotha* y el epistolario); b) las obras no publicadas bajo la responsabilidad directa del autor sino bajo la de otros, las obras póstumas; sería conveniente disponer del texto original de éstas -lo cual está en proceso de realización-- o, por lo menos, de una minuciosa descripción del texto original, hecha con criterios científicos.

Uno y otro apartado se deberían reconstruir por períodos cronológico-críticos, para poder hacer comparaciones válidas y no puramente mecánicas y arbitrarias.

Se debería estudiar y analizar detalladamente la labor de elaboración realizada por el autor sobre el material de las obras que él mismo ha dado a la imprenta: este estudio daría, por lo menos, indicios y criterios para valorar críticamente la exactitud de las redacciones de las obras póstumas compiladas por otros. Cuanto más el material preparatorio de las obras editadas por el propio autor se aleja del texto definitivo redactado por él, menos de fiar es la redacción dada por otro escritor a un material del mismo tipo. Una obra no se puede identificar nunca con el material en bruto recogido para su compilación: la elección definitiva, la disposición de los elementos componentes, el mayor o menor peso dado a tal o cual de los elementos recogidos en el período de preparación, son lo que constituye, precisamente, la obra efectiva.

También debe emprenderse con cierta cautela el estudio del epistolario: una afirmación cortante que se ha incluido en una carta quizá no se repetiría en un libro. La vivacidad estilística de las cartas, aunque sea a menudo más eficaz, artísticamente hablando, que el estilo más mesurado y ponderado de un libro, puede dar lugar a deficiencias en la argumentación; en las cartas, al igual que en los discursos y en las conversaciones, se verifican con más frecuencia «errores lógicos»; la mayor rapidez del pensamiento va, a menudo, en detrimento de su solidez.

En el estudio de un pensamiento original e innovador, la contribución de otras personas a su documentación viene sólo en segunda linea. Así debe plantearse, por lo menos como principio, como método, la cuestión de las relaciones de homogeneidad entre los dos fundadores de la filosofía de la praxis. La afirmación de ambos sobre el acuerdo recíproco sólo vale para el argumento en cuestión. Ni siquiera el hecho de que uno haya escrito algún capítulo de un libro del otro es una razón suficiente para que se considere todo el libro como el resultado de un acuerdo perfecto. No se debe infravalorar la contribución del segundo, pero tampoco se debe identificar el segundo con el primero, ni creer que todo lo que el segundo atribuye al primero es absolutamente auténtico, sin infiltraciones. Es cierto que el segundo ha dado pruebas de un desinterés y de una falta de vanidad personal únicos en la historia de la literatura, pero no se trata de esto. Ni se trata tampoco de poner en duda la honestidad científica del segundo. Se trata de que el segundo no es el primero y de que si se quiere conocer el primero se le debe estudiar especialmente en sus obras auténticas, publicadas bajo su responsabilidad directa. De estas observaciones se deducen una serie de advertencias de método y algunas indicaciones para las investigaciones colaterales. Por ejemplo, ¿qué valor tiene el libro de Rodolfo Mondolfo *Il materialismo storico di F. E.*,[4] editado por Formiggini en 1912?[5] En una carta a Croce, Sorel pone en duda que se pueda estudiar un tema de esta índole dada la escasa capacidad de pensamiento original de Engels y repite una y otra vez que no se deben confundir los dos fundadores de la filosofía de la praxis. Aparte de la cuestión planteada por Sorel, parece que por el hecho (supuesto) de que se afirma una escasa capacidad teórica en el segundo de los dos amigos (por lo menos una posición subalterna respecto al primero) es indispensable investigar a quién corresponde el pensamiento original, etc. En realidad, en el mundo de la cultura no se ha hecho nunca (con la excepción del libro de Mondolfo) una investigación de este tipo; al contrario: las exposiciones del segundo, algunas relativamente sistemáticas, se han colocado en primer plano, como fuentes auténticas e incluso como la única fuente auténtica. Por esto el volumen de Mondolfo parece muy útil, por lo menos por las directivas que traza.

---

4 Friedrich Engels (nota de los editores italianos).
5 Existe una versión española de esta obra: Rodolfo Mondolfo El *materialismo histórico en F. Engels y otros ensayos,* Ed. Raigal, Buenos Aires, 1956. Contiene, en apéndice, el ensayo *En torno a Gramsci y a la filosofía de la praxis,* publicado en la revista italiana Critica sociales, Milán, marzo-abril de 1955 (N. del T.).

Antonio Labriola.

Sería muy útil un resumen objetivo y sistemático (aunque fuese de tipo escolar-analítico) de todas las publicaciones de Antonio Labriola sobre la filosofía de la praxis para substituir los volúmenes agotados. Una labor de este género debe preceder todas las iniciativas tendentes a volver a poner en circulación la posición filosófica de Labriola, escasamente conocida fuera de un reducido círculo. Es sorprendente que en sus *Memorias* León Bronstein[6] hable del diletantismo» de Labriola. No se comprende este juicio (a menos que no signifique que en la persona de Labriola había separación entre la teoría y la práctica, pero no parece que sea éste el caso) sino como un reflejo inconsciente de la pedantería pseudocientífica del grupo intelectual alemán que tanta influencia tuvo en Rusia. En realidad, al afirmar que la filosofía de la praxis es independiente de toda otra corriente filosófica, es autosuficiente, Labriola es el único que ha intentado construir científicamente la filosofía de la praxis.

La tendencia dominante se ha manifestado en dos corrientes principales:

a) La corriente llamada ortodoxa, representada por Plejanov (cfr. *Los problemas fundamentales),*[7] que, pese a sus afirmaciones en contrario, recae en realidad en el materialismo vulgar. No se ha planteado bien el problema de los «orígenes» del pensamiento del fundador de la filosofía de la praxis: un estudio cuidadoso de la cultura filosófica de Marx (y del ambiente filosófico general en el que se formó directa e indirectamente) es indudablemente necesario, pero como premisa del estudio, mucho más importante, de su filosofía propia y «original», que

---

6 Trotski (nota de los editores italianos).
7 Plejanov G. V., *Osnovnye voprosy marksisma,* San Petersburgo, 1908; reeditado en *Obras (24 vols.) por* el Instituto Marx-Engels-Lenin de Moscú, vol. XVIII. Traducción italiana, *Le questioni fondamentali del marxismo,* por Antonio d'Ambrosio, Milán, I.E.I., 1945 (nota de los editores italianos).

no puede agotarse en algunas «fuentes» o en su «cultura» personal: debe tenerse en cuenta, ante todo, su actividad creadora y constructiva. El modo en que Plejanov plantea el problema es típico del método positivista y demuestra sus escasas facultades especulativas e historiográficas.

b) La tendencia «ortodoxa» ha determinado la contraria: la tendencia a relacionar la filosofía de la praxis con el kantismo o con otras tendencias filosóficas no positivistas y materialistas, hasta la conclusión «agnóstica» de Otto Bauer, que en su libro sobre religión escribe que el marxismo puede ser sostenido y asumido por cualquier filosofía, y, por tanto, incluso por el tomismo. Esta segunda tendencia no es, por consiguiente, una tendencia en sentido estricto sino un conjunto de todas las tendencias que no aceptan la llamada «ortodoxia de la pedantería alemana, hasta la freudiana de De Man.

¿Por qué Labriola y su planteamiento del problema filosófico han tenido tan escasa fortuna? Puede decirse al respecto lo que Rosa[8] dijo a propósito de la economía crítica y de sus más importantes problemas: en el período romántico de la lucha, del *Sturm und Drang* popular, todo el interés se centra en las armas más inmediatas, en los problemas de la táctica política y en los problemas culturales menores, en el terreno filosófico. Pero, desde el momento en que un grupo subalterno se hace realmente autónomo y hegemónico suscitando un nuevo tipo de Estado, nace concretamente la exigencia de construir un nuevo orden intelectual y moral, es decir, un nuevo tipo de sociedad; de aquí la exigencia de elaborar los conceptos más universales, las armas ideológicas más refinadas y decisivas. Por esto es necesario volver a poner en circulación a Antonio Labriola y hacer predominar su planteamiento del problema filosófico. Así puede plantearse la lucha por una cultura superior autónoma; la parte positiva de la lucha que se manifiesta

---

8 Rosa Luxemburg (nota de los editores italianos).

en forma negativa y polémica con *los a-* privativos y los *anti-* (anticlericalismo, ateísmo, etc.). Se da una forma moderna y actual al humanismo laico tradicional que debe constituir la base ética del *nue*vo tipo de Estado[9]

La filosofía de la praxis y la cultura moderna.
La filosofía de la praxis ha sido un momento de la cultura moderna; en cierta medida, ha determinado o fecundado algunas de sus corrientes. El estudio de este hecho, muy importante y significativo, ha sido descuidado, cuando no ignorado totalmente, por los llamados ortodoxos. Las razones de ello son las siguientes: la combinación filosófica más relevante se ha producido entre la filosofía de la praxis y diversas tendencias idealistas, lo cual ha parecido a los llamados ortodoxos, ligados esencialmente a la corriente particular de cultura del último cuarto del siglo pasado (positivismo, cientificismo) un contrasentido, cuando no una sutileza de charlatanes (sin embargo, en el ensayo de Plejanov *Los problemas fundamentales* hay alguna referencia a este hecho, pero como de pasada y sin ningún intento de explicación crítica). Por esto parece necesario revalorizar el planteamiento del problema que intentó Antonio Labriola.

Lo que ha ocurrido es que la filosofía de la praxis ha sufrido realmente una doble revisión, es decir, ha sido subsumida en una doble combinación filosófica. Por un lado, algunos de sus elementos han sido explícita o implícitamente absorbidos por algunas corrientes idealistas (basta citar a Croce, Gentile, Sorel, al mismo Bergson, al pragmatismo); por otro lado, los llamados ortodoxos, preocupados por encontrar una filosofía que fuese, según su punto de vista muy limitado, más comprensiva que una «simple» interpretación de la historia, han creído que

---
9 El estudio analítico y sistemático de la concepción filosófica de Antonio Labriola podría convertirse en la sección filosófica de una revista de tipo medio («La Voce», «Leopardo», «L'Ordine Nuovo»). Habría que compilar una bibliografía internacional sobre Labriola («Neue Zeit», etc.).

lo ortodoxo era identificarla fundamentalmente con el materialismo tradicional. Otra corriente ha vuelto al kantismo (puede citarse, además del profesor vienés Max Adler, a dos profesores italianos, Alfredo Poggi y Adelchi Baratono). Se puede observar, en general, que las corrientes que han intentado combinar la filosofía de la praxis con tendencias idealistas están constituidas en su gran parte por intelectuales «puros» y que, en cambio, la corriente ortodoxa estaba formada por personalidades intelectuales más claramente dedicadas a la actividad práctica y, por tanto, más vinculadas (con lazos más o menos extrínsecos) a las grandes masas populares (cosa que, por lo demás, no ha impedido a la mayoría dar volteretas de no poca importancia histórico-política).

Esta distinción tiene mucha importancia. Los intelectuales «puros», como elaboradores de las ideologías más extendidas de las clases dominantes, como líderes de los grupos intelectuales de sus países, no podían dejar de utilizar por lo menos, algunos elementos de la filosofía de la praxis, para robustecer sus concepciones y moderar el excesivo filosofismo especulativo con el realismo historicista de la nueva teoría, para suministrar nuevas armas al arsenal del grupo social con el que estaban ligados. Por otro lado, la tendencia ortodoxa tenía que luchar con la ideología más difundida entre las masas populares, el transcendentalismo religioso, y creía que sólo lo podría superar con el materialismo más tosco y superficial, el cual era también una estratificación nada indiferente del sentido común, mantenida viva, mucho más de lo que se creía y se cree, por la misma religión; ésta encuentra en el pueblo una expresión trivial y baja, supersticiosa y hechicera, en la que la materia desempeña una función no pequeña.

Labriola se diferencia de unos y otros por su afirmación (no siempre segura, a decir verdad) de que la filosofía de la praxis es una filosofía independiente y original, que tiene en sí misma los elementos de un ulterior desarrollo para pasar de interpretación de la historia a la categoría de filosofía general. Éste es precisamente el sentido en que hay que laborar, desarrollando la posición de Antonio Labriola. Cabe decir, al respecto, que los libros de Rodolfo Mondolfo no parecen ser (que yo recuerde, por lo menos) un desarrollo coherente de esta posición.[10]

¿Por qué la filosofía de la praxis ha tenido este destino, es decir, por qué ha servido para formar, con sus elementos principales combinaciones con el idealismo o con el materialismo filosófico? La labor de investigación no puede dejar de ser compleja y delicada: exige mucha finura en el análisis y mucha sobriedad intelectual. Porque es muy fácil dejarse engañar por las similitudes exteriores y no ver las similitudes ocultas y los nexos necesarios, pero camuflados. La identificación de los conceptos que la filosofía de la praxis ha «cedido» a las filosofías tradicionales y que han permitido a éstas experimentar unos instantes de rejuvenecimiento, debe hacerse con mucha cautela crítica: significa, ni más ni menos, hacer la historia de la cultura moderna después de la actividad de los fundadores de la filosofía de la praxis.

No es difícil, evidentemente, seguir el proceso de absorción explícita, aunque también tenga que analizarse críticamente. Un ejemplo clásico es el de la reducción crociana de la filosofía de la praxis a regla empírica de investigación histórica, concepto que también ha penetrado entre los católicos (cfr. el libro de monseñor Olgiati) y que ha contribuido a crear la escuela historiográfica económico-jurídica italiana, difundida incluso fuera de Italia. Pero la investigación más difícil y delicada es la de las absorciones «implícitas», no confesadas, ocurridas

---

10 Parece que Mondolfo nunca ha abandonado del todo el punto de vista fundamental del positivismo, adquirido como alumno de Roberto Ardigó. El libro del discípulo de Mondolfo, Diambrini Palazzi, La *filosofia di Antonio Labriola* (presentado con un prefacio de Mondolfo) es una demostración de la pobreza de conceptos y de directivas de la enseñanza universitaria del mismo Mondolfo.

precisamente porque la filosofía de la praxis ha constituido un momento de la cultura moderna, una atmósfera difusa, que ha modificado los viejos modos de pensar por acciones y reacciones no aparentes y no inmediatas. El estudio de Sorel es especialmente interesante desde este punto de vista, porque a través de Sorel y de su destino se pueden captar muchos indicios al respecto; lo mismo puede decirse de Croce. Pero el estudio más importante parece que tiene que ser el de la filosofía bergsoniana y el del pragmatismo, para ver hasta qué punto serían inconcebibles algunas de sus posiciones sin el eslabón histórico de la filosofía de la praxis.

Otro aspecto de la cuestión es la enseñanza práctica de ciencia política que la filosofía de la praxis ha dado a los mismos adversarios que la combaten duramente por principio, del mismo modo que los jesuitas combatían teóricamente a Maquiavelo mientras eran en la práctica sus mejores discípulos. En una Opinione publicada por Mario Missiroli en «La Stampa» cuando era corresponsal en Roma (hacia 1925) se dice aproximadamente que habría que ver si en la intimidad de su conciencia los industriales más inteligentes no están convencidos de que *La economía política*[11] ha visto muy bien sus cosas y si no se sirven de las enseñanzas aprendidas de este modo. Nada de esto sería de extrañar, porque, si el fundador de la filosofía de la praxis ha analizado exactamente la realidad, no ha hecho más que sistematizar racional y coherentemente lo que los agentes históricos de esta realidad sentían y sienten confusa e instintivamente, tomando mayor conciencia de ello después de la crítica del adversario.

El otro aspecto de la cuestión es todavía más interesante. ¿Por qué hasta los llamados ortodoxos han «combinado» la filosofía de la praxis con otras filosofías y con una antes que con otras?

---

11 *El capital,* de Karl *MARX* (nota de los editores italianos).

En realidad, la que cuenta es la combinación con el materialismo tradicional; la combinación con el kantismo sólo ha tenido un éxito limitado en algunos grupos intelectuales reducidos. En relación con este tema debe verse el ensayo de Rosa sobre el progreso y el estancamiento de la filosofía de la praxis,[12] en el cual señala que las partes constituyentes de esta filosofía se han desarrollado en distinta medida, pero siempre según las necesidades de la actividad práctica. Es decir, los fundadores de la nueva filosofía se habrían anticipado de mucho a las necesidades de su época e incluso de la época sucesiva, habrían creado un arsenal con armas que todavía no servían porque no eran adecuadas a las condiciones de la época y que sólo se pulieron con el tiempo. La explicación es un poco capciosa, por cuanto da como explicación en gran parte el hecho mismo que se trata de explicar abstractificado; pero contiene algo de verdad y puede profundizarse. Parece que una de las razones históricas tiene que buscarse en el hecho de que la filosofía de la praxis ha tenido que aliarse con tendencias extrañas para combatir los residuos del mundo precapitalista en las masas populares, especialmente en el terreno religioso.

La filosofía de la praxis tenía que realizar dos tareas: combatir las ideologías modernas en su forma más refinada, para poder constituir su propio grupo de intelectuales independientes, y educar las masas populares, cuya cultura era medieval. Esta segunda tarea, que era fundamental dado el carácter de la nueva filosofía, absorbió todas las fuerzas, no sólo cuantitativa sino también cualitativamente; por razones «didácticas» la nueva filosofía se combinó con una forma de cultura algo superior a la media popular (muy baja) pero que era absolutamente inadecuada para combatir las ideologías de las clases cultas,

---

[12] Alusión al escrito de Rosa LUXEMBURG *Stillstand und Fortschritt im Marxismus*, publicado en «Vorwärts» el 14 de marzo de 1903 (nota de los editores italianos).

cuando la nueva filosofía había nacido precisamente para superar la más alta manifestación cultural de la época, la filosofía clásica alemana, y para suscitar un grupo de intelectuales propios del nuevo grupo socia Por otro lado, la cultura moderna, especialmente idealista, no consigue elaborar una cultura popular, no llega a dar un contenido moral y científico a sus programas escolares, los cuales siguen siendo esquemas abstractos y teóricos; por esto pasa de ser la cultura de una limitada aristocracia intelectual, que sólo llega a prender en la juventud cuando se transforma en política inmediata y ocasional.

Debe examinarse si este modo de «disposición» cultural no es una necesidad histórica y si no se encuentran en la historia pasada disposiciones similares, teniendo en cuenta las circunstancias de tiempo y de lugar. El ejemplo clásico y anterior a la modernidad es, indudablemente, el del Renacimiento en Italia y el de la Reforma en los países protestantes. En el volumen *Storia del barocco in Italia,* Croce escribe (pág. 11): «El movimiento renacentista no pasó de ser aristocrático, propio de círculos elegidos; en la misma Italia, que fue su madre y nodriza, no salió de los círculos cortesanos, no llegó al pueblo, no se hizo costumbre y «prejuicio», es decir, persuasión y fe colectivas. En cambio, la Reforma «tuvo esta eficacia de penetración popular, pero la pagó con un retraso en su desarrollo intrínseco», con la lenta y repetidamente interrumpida maduración de su germen vital.» Y en la página 8 escribe: «Y Lutero, como aquellos humanistas desprecia la tristeza y celebra el regocijo, condena el ocio y ordena el trabajo; pero, por otro lado, siente desconfianza y hostilidad contra las letras y los estudios, hasta el punto de que Erasmo pudo decir: *ubicumque regnat lutheranismus, ibi litterarum est interitus;* aunque quizá no se debiese únicamente a la aversión que sentía su fundador, lo cierto es que el protestantismo alemán fue durante dos siglos casi totalmente estéril en los estudios, en la critica, en la filosofía. En cambio, los reformadores italianos, especialmente los del círculo de Juan de Valdés y sus amigos, unieron sin esfuerzo el humanismo con el misticismo, el culto de los estudios con la austeridad moral. El calvinismo, con su dura acepción de la gracia y su dura disciplina, tampoco favoreció la libre investigación y el culto de la belleza, pero, al interpretar y desarrollar el concepto de la gracia y adaptarlo al de vocación, promovió enérgicamente la vida económica, la producción y el aumento de la riqueza.» La reforma luterana y el calvinismo suscitaron un vasto movimiento popular-nacional en el cual se difundieron, y sólo crearon una cultura superior en periodos sucesivos; los reformadores italianos no obtuvieron ningún gran éxito histórico. Es cierto que en su fase superior también la Reforma asumió necesariamente los modos del Renacimiento y como tal se difundió incluso en los países no protestantes, donde no había habido la incubación popular; pero la fase del desarrollo popular permitió a los países protestantes resistir tenaz y victoriosamente la cruzada de los ejércitos católicos y así surgió la nación alemana, como una de las más vigorosas de la Europa moderna. Francia fue desgarrada por las guerras de religión, con la victoria aparente del catolicismo, pero tuvo una gran reforma popular en el 700 con el iluminismo, el voltairenismo, la Enciclopedia, que precedió y acompañó la revolución de 1789; fue en realidad una gran reforma intelectual y moral del pueblo francés, más completa que la alemana luterana, porque abarcó incluso las grandes masas del campo, porque tuvo un fondo laico clarísimo e intentó sustituir la religión por una ideología completamente laica representada por el vínculo nacional y patriótico; pero tampoco ésta tuvo un florecimiento inmediato de alta cultura, con la excepción de la ciencia política en forma de ciencia positiva del derecho.[13]

---

13 Cfr. la comparación hecha por Hegel de las formas nacionales particulares que asumió la misma cultura en Francia y Alemania en el período de la Revolución francesa, concepción hegeliana que lleva a los famosos versos carduccianos: «*com oposta fe'-Decapitaro, Emmanuel Kant, Iddio - Massimiliano Robespierre, il re*».

Quizá George Sorel ha entrevisto una concepción de la filosofía de la praxis como reforma popular moderna (pues son abstractos puros los que esperan una reforma religiosa en Italia, una nueva edición italiana del calvinismo, como Missiroli y compañía), pero un poco (o mucho) dispersamente, intelectualísticamente, por una especie de furor jansenista contra las inmundicias del parlamentarismo y de los partidos políticos. Sorel ha tomado de Renan el concepto de la necesidad de una reforma intelectual y moral; ha afirmado (en una carta a Missiroli) que a menudo los grandes movimientos históricos son representados por una cultura moderna, etc. Pero me parece que esta concepción está implícita en Sorel cuando utiliza el cristianismo primitivo como término de comparación, con mucha literatura, es verdad, pero también con más de una pizca de verdad; con referencias mecánicas y a menudo artificiosas, pero también con elementos de intuición profunda.

La filosofía de la praxis presupone todo este pasado cultural, el Renacimiento y la Reforma, la filosofía alemana y la Revolución francesa, el calvinismo y la economía clásica inglesa, el liberalismo laico y el historicismo que se encuentra en la base de toda la concepción moderna de la vida. La filosofía de la praxis es la coronación de todo este movimiento de reforma intelectual y moral, cuya dialéctica es el contraste entre cultura popular y alta cultura. Corresponde al nexo de Reforma protestante más Revolución francesa: es una filosofía que es también política y una política que es también filosofía. Está atravesando todavía su fase popular, folklórica: suscitar un grupo de intelectuales independientes no es cosa fácil, exige un largo proceso, con acciones y reacciones, con adhesiones y disoluciones y nuevas formaciones muy numerosas y complejas: es la concepción de un grupo social subalterno, sin iniciativa histórica, que se amplía continuamente pero desorgánicamente, sin poder superar un cierto grado cualitativo que está siempre más acá de la posesión del Estado del ejercicio real de la hegemonía sobre toda la sociedad, lo único que permite un cierto equilibrio orgánico en el desarrollo del grupo intelectual. La filosofía de la praxis también se ha convertido en «prejuicio» y «superstición: en su estado actual es el aspecto popular del historicismo moderno, pero contiene en sí misma un principio de superación de este historicismo. En la historia de la cultura, que es mucho más larga que la historia de la filosofía, cada vez que ha aflorado la cultura popular porque se pasaba por una fase de mutación y de la ganga popular se seleccionaba el metal de una nueva clase, ha habido un florecimiento del «materialismo»; y, al contrario, en el mismo momento las clases tradicionales se aferraban al espiritualismo. Hegel, a caballo entre la Revolución francesa y la Restauración, dialectizó los dos momentos de la vida del pensamiento, el materialismo y el espiritualismo, pero la síntesis fue «un hombre que anda sobre su cabeza. Los continuadores de Hegel han destruido esta unidad y se ha vuelto a los sistemas materialistas, por un lado, y a los espiritualistas, por otro. La filosofía de la praxis ha revivido en su fundador toda esta experiencia de hegelismo, feuerbachismo, materialismo francés, para reconstruir la síntesis de la unidad dialéctica: «El hombre que camina con los pies. El desgarramiento sufrido por el hegelismo se ha repetido en la filosofía de la praxis, es decir, de la unidad dialéctica se ha vuelto por un lado al materialismo filosófico mientras la alta cultura idealista ha intentado asimilar los elementos de la filosofía de la praxis que le eran indispensables para encontrar algún nuevo elixir.

Desde el punto de vista «político», la concepción materialista está cerca del pueblo, del sentido común; está estrechamente ligada a muchas creencias y a muchos prejuicios, a casi todas las supersticiones populares (brujería, espíritus, etc.). Esto puede verse en el catolicismo popular y especialmente en la ortodoxia bizantina. La religión popular es crasamente materialista, pero la religión oficial de los intelectuales intenta impedir que se formen dos religiones distintas, dos estratos separados, para no alejarse de las masas, para no convertirse oficialmente en lo que ya es realmente: en una ideología de grupos reducidos. Pero desde este punto de vista no se debe confundir la actitud de la filosofía de la praxis con la del catolicismo. Mientras aquélla mantiene un contacto dinámico y tiende a elevar continuamente nuevos estratos de la masa a una vida cultural superior, el segundo tiende a mantener un contacto puramente mecánico, una unidad exterior, basada especialmente en la liturgia y en el culto más llamativamente sugestivo para las grandes masas. Muchos intentos de herejía han sido manifestaciones de fuerzas populares para reformar la Iglesia y acercarla al pueblo, elevando a éste. La Iglesia ha reaccionado a menudo en forma violentísima, ha creado la Compañía de Jesús, se ha acorazado con las decisiones del Concilio de Trento, aunque haya organizado un maravilloso mecanismo de selección «democrática» de sus intelectuales, pero como individuos aislados, no como expresión representativa de grupos populares.

En la historia de los desarrollos culturales debe tenerse especialmente en cuenta la organización de la cultura y del personal en que esta organización toma forma concreta. En el volumen de G. De Ruggiero *Rinascimento e Riforma* se puede ver cuál ha sido la actitud de muchísimos intelectuales, encabezados por Erasmo: se doblegaron ante las persecuciones y las hogueras. Por esto el portador de la Reforma fue el pueblo alemán en su conjunto, como pueblo indistinto, no los intelectuales. Esta deserción de los intelectuales ante el enemigo explica, precisamente, la «esterilidad» de la Reforma en la esfera inmediata de la alta cultura, hasta que del seno de la masa popular, que había permanecido fiel, surgió lentamente un nuevo grupo de intelectuales que culminó en la filosofía clásica.

Algo parecido ha ocurrido hasta ahora en la filosofía de la praxis; los grandes intelectuales formados en su terreno, además de ser poco numerosos no estaban ligados al pueblo, no habían surgido de éste, sino que fueron la expresión de clases intermedias de tipo tradicional, a las cuales volvieron en los momentos de grandes «cambios» históricos; otros permanecieron fieles, pero para someter la nueva concepción a una revisión sistemática, no para procurar su desarrollo autónomo. La afirmación de que la filosofía de la praxis es una concepción nueva, independiente, original, pese a ser un momento del desarrollo histórico mundial, es la afirmación de la independencia y de la originalidad de una nueva cultura en incubación, que se desarrollará al desarrollarse las relaciones sociales. Lo que existe cada vez es una combinación variable de lo viejo y lo nuevo, un equilibrio momentáneo de las relaciones culturales correspondiente al equilibrio de las relaciones sociales. Sólo después de la creación del Estado el problema cultural se impone en toda su complejidad y tiende a una solución coherente. En cada caso, la actitud que precede a la formación estatal tiene que ser forzosamente crítico-polémica, nunca dogmática; tiene que ser una actitud romántica, pero de un romanticismo que aspira conscientemente a su compuesta clasicidad.

Nota I.
Se debe estudiar el período de la Restauración como un período de elaboración de todas las doctrinas historicistas modernas, incluida la filosofía de la praxis, que es su coronación y que, por lo demás, fue elaborada precisamente en vísperas de 1848, cuando la Restauración hacía aguas por todas partes y el pacto de la Santa Alianza se rompía en pedazos. Sabido es que la palabra restauración no es más que una expresión metafórica; en realidad no hubo ninguna restauración efectiva del *anclen régime,* sino únicamente una nueva sistematización de

las fuerzas, en la cual se limitaron y codificaron las conquistas revolucionarias de las clases medias. El rey en Francia y el papa en Roma se convirtieron en jefes de los partidos respectivos y dejaron de ser los representantes indiscutidos de Francia o de la Cristiandad. La posición del papa fue especialmente zarandeada y fue entonces cuando empezó la formación de organismos permanentes de los «militantes católicos», que después de otras etapas intermedias -1848-49, 1861 (cuando tuvo lugar la primera disgregación del Estado pontificio con la anexión de las Legaciones emilianas), 1870 y la postguerra- se convirtieron en la potente organización de la Acción Católica, potente pero en posición defensiva. Las teorías historicistas de la Restauración se oponen a las ideologías del 700, abstractas y utópicas, que siguen viviendo como filosofía ética y política proletarias, especialmente difundidas en Francia hasta 1870. La filosofía en la praxis se opone a estas concepciones septingentésimo-populares como filosofía de masas, en todas sus formas, desde las más infantiles hasta la de Proudhon, que sufre algún injerto del historicismo conservador y parece que puede ser llamado el Gioberti francés, pero el Gioberti de las clases populares, por el atraso de la historia italiana en relación con la francesa, como se ve en el período de 1848. Si los historicistas conservadores, teóricos de lo viejo, están bien situados para criticar el carácter utópico de las ideologías jacobinas momificadas, los filósofos de la praxis están mejor situados todavía, sea para apreciar el valor histórico real y no abstracto que el jacobinismo ha tenido como elemento creador de la nueva nación francesa, es decir, como hecho de actividad circunscrita en determinadas circunstancias y no como hecho ideologizado, sea para apreciar la tarea histórica de estos mismos conservadores, que eran en realidad los hijos vergonzantes de los jacobinos y al tiempo que maldecían sus excesos administraban con cuidado su herencia. La filosofía de la praxis no sólo pretendía explicar y justificar todo el pasado sino también explicarse y justificarse históricamente a sí misma, es decir, era el «historicismo» máximo, la liberación completa de todo «ideologismo» abstracto, la conquista real del mundo histórico, el comienzo de una nueva civilización.

Inmanencia especulativa e inmanencia historicista o realista.

Se afirma que la filosofía de la praxis ha nacido en el terreno del máximo desarrollo de la cultura de la primera mitad del siglo XIX, cultura representada por la filosofía clásica alemana, la economía política inglesa y la literatura y la práctica políticas francesas. En el origen de la filosofía de la praxis se encuentran estos tres movimientos culturales. Pero ¿cómo se debe entender esta afirmación? ¿En el sentido de que cada uno de estos movimientos ha contribuido a elaborar respectivamente la filosofía, la economía y la política de la filosofía de la praxis? ¿O bien en el de que la filosofía de la praxis ha elaborado sintéticamente los tres movimientos, es decir, toda la cultura de la época, y que en la nueva síntesis, cualquiera que sea el momento que se examine, momento teórico, económico, político, se vuelve a encontrar, como «momento» preparatorio, cada uno de los tres movimientos? Así lo creo, precisamente. Y me parece que el momento sintético unitario tiene que identificarse en el nuevo concepto de inmanencia, que de su forma especulativa, ofrecida por la filosofía clásica alemana, ha sido traducido en forma historicista con ayuda de la política francesa y de la economía clásica inglesa.

En lo que concierne a las relaciones de identidad sustancial entre el lenguaje filosófico alemán y el lenguaje político francés, véase las notas anteriores. Pero creo que se debe hacer una investigación muy interesante y fecunda a propósito de las relaciones entre la filosofía alemana, la política francesa y la economía clásica inglesa. En cierto sentido, creo que se puede decir que la filosofía de la praxis es igual a Hegel más David Ricardo. El problema tiene que presentarse inicialmente así: los nuevos cánones metodológicos introducidos por Ricardo en la ciencia económica, ¿tienen que considerarse como valores meramente instrumentales (para entendernos, como un nuevo capítulo de la lógica formal) o han tenido un significado de innovación filosófica? ¿No se puede decir que el descubrimiento del principio lógico formal de la «ley de tendencia», que lleva a definir científicamente los conceptos, fundamentales en la economía, de homo *oeconomicus* y de «mercado determinado», ha sido también un descubrimiento de valor gnoseológico? ¿No implica precisamente una nueva «inmanencia», una nueva concepción de la «necesidad» y de la libertad, etc.? Ésta es la traducción que ha hecho, a mi parecer, la filosofía, de la praxis, que ha universalizado los descubrimientos de Ricardo extendiéndolos adecuadamente a toda la historia, es decir, extrayendo de ellos originalmente una nueva concepción del mundo.

Habrá que estudiar una serie de cuestiones: a) Resumir los principios científico- formales de Ricardo en su forma de cánones empíricos. b) Investigar el origen histórico de estos principios ricardianos, relacionados con el surgimiento de la misma ciencia económica, es decir, con el desarrollo de la burguesía como clase «concretamente mundial» y, por tanto, relacionados con la formación de un mercado mundial ya bastante «denso» de movimientos complejos como para poder aislar en él y estudiar leyes de regularidades necesarias, es decir, leyes de tendencia, que no son leyes en el sentido del naturalismo y del determinismo especulativo, sino en sentido «historicista», en la medida en que se verifica el «mercado determinado», o sea un ambiente orgánicamente vivo y conexo en sus movimientos de desarrollo. La economía estudia estas leyes de tendencia como expresiones *cuantitativas* de los fenómenos;

en el paso de la economía a la historia general el concepto de cantidad es completado por el de cualidad y por la dialéctica de la cantidad que se transforma en cualidad. c) Relacionar Ricardo con Hegel y con Robespierre. d) Ver cómo la filosofía de la praxis ha llegado de la síntesis de estas tres corrientes vivas a la nueva concepción de la inmanencia, depurada de todos los restos de transcendencia y de teología.

Junto a estas investigaciones habrá que realizar otra: la relativa a la actitud de la filosofía de la praxis ante la continuación actual de la filosofía clásica alemana, representada por la moderna filosofía idealista italiana de Croce y Gentile. ¿Cómo debe entenderse la proposición de Engels sobre la herencia de la filosofía clásica alemana? ¿Debe entenderse como un círculo histórico ya cerrado, en el cual ya se ha realizado plenamente la absorción de la parte vital del hegelismo, de una vez para siempre, o se puede entender como un proceso histórico que sigue todavía en movimiento, por el cual se reproduce una nueva necesidad de síntesis cultural filosófica? Me parece justa la segunda respuesta: en realidad se reproduce todavía la posición recíprocamente unilateral, criticada en la tesis sobre Feuerbach, entre el materialismo y el idealismo y, como entonces, bien que en un momento superior, es necesaria la síntesis en un momento de desarrollo superior de la filosofía de la praxis.

Unidad de los elementos constitutivos del marxismo.

La unidad viene dada por el desarrollo dialéctico de las contradicciones entre el hombre y la materia (naturaleza - fuerzas materiales de producción). En la economía el centro unitario es el valor, o sea la relación entre el trabajador y las fuerzas industriales de producción (los que niegan la teoría del valor caen en el craso materialismo vulgar, considerando que la máquina por sí misma -como capital constante y técnico- produce valor al margen del hombre que la hace funcionar). En la filosofía, el centro unitario es la praxis, es decir, la relación entre la voluntad humana (superestructura) y la estructura económica. En la política, es la relación entre el Estado y la sociedad civil, es decir, la intervención del Estado (voluntad centralizada) para educar al educador, el ambiente social en general. (Todo esto tiene que profundizarse y exponerse en términos más exactos.)

Filosofía, política y economía.

Si estas tres actividades son los elementos constitutivos necesarios de una misma concepción del mundo, debe existir necesariamente, en sus principios teóricos, la convertibilidad de la una en la otra, la traducción recíproca en el propio lenguaje específico de todos los elementos constitutivos: cada uno está implícito en los otros, y todos juntos forman un círculo homogéneo.

De estas proposiciones (que se deben elaborar) se deducen para el historiador de la cultura y de las ideas algunos criterios de investigación y algunas reglas críticas de gran significado. Puede ocurrir que una gran personalidad exprese su pensamiento más fecundo no en el lugar que tendría que ser aparentemente el más «lógico», desde el punto de vista de la clasificación externa, sino en otro lugar que aparentemente se puede considerar extraño. Un político escribe de filosofía: pero puede ocurrir que su «verdadera» filosofía tenga que buscarse en los escritos de política. En toda personalidad hay una actividad dominante y predominante y es en ella donde hay que buscar su pensamiento, *implícito* las más de las veces y quizá en contradicción con el expresado *ex professo*. Es cierto que en este criterio de juicio histórico hay un gran peligro de diletantismo y que en su aplicación hay que ir con mucha cautela, pero esto no quita que el criterio sea fecundo para el establecimiento de la verdad.

En realidad, el «filósofo» ocasional difícilmente consigue abstraerse de las corrientes que dominan su época, de las interpretaciones que se han convertido en dogmas de una determinada concepción del mundo, etc.; en cambio, como científico de la política está libre de esos *idola* de la época y del grupo, afronta más inmediatamente y con toda la originalidad la misma concepción; penetra en su intimidad y la desarrolla de modo vital. A este respecto es todavía útil y fecundo el pensamiento expresado por Rosa Luxemburg sobre la imposibilidad de afrontar ciertas cuestiones de la filosofía de la praxis en la medida en que éstas todavía no han llegado a ser *actuales* por el curso de la historia general o de un determinado grupo social. A la fase económico-corporativa, a la fase de lucha por la hegemonía en la sociedad civil, a la fase estatal, corresponden actividades intelectuales determinadas que no se pueden improvisar o anticipar arbitrariamente. En la fase de la lucha por la hegemonía se desarrolla la ciencia de la política; en la fase estatal todas las superestructuras tienen que desarrollarse, so pena de disolución del Estado.

Historicidad de la filosofía de la praxis.

Que la filosofía de la praxis se conciba a sí misma históricamente, es decir, como una fase transitoria del pensamiento filosófico, se ve explícitamente -además de verse implícitamente por todo su sistema- por la conocida tesis de que el desarrollo histórico se caracterizará en un momento determinado por el paso del reino de la necesidad al reino de la libertad.[14] Todas las filosofías (los sistemas filosóficos) que han existido hasta ahora han sido manifestaciones de la contradicción íntima que ha desgarrado la sociedad. Pero ningún sistema filosófico tomado en sí mismo ha sido la expresión consciente de estas contradicciones, porque esta expresión sólo podía darse por el conjunto de los sistemas, en lucha entre sí. Todo filósofo está y no puede

---

14 *Cantidad= necesidad; cualidad= libertad.* La dialéctica (el nexo dialéctico) cantidad-cualidad es idéntica a la de la necesidad-libertad.

dejar de estar convencido de que expresa la unidad del espíritu humano, es decir, la unidad de la historia y de la naturaleza; de hecho, si no hubiese tal convicción los hombres no operarían, no crearían nueva historia, es decir, las filosofías no se podrían convertir en «ideologías», no podrían asumir en la práctica la granítica compacidad fanática de las «creencias populares», que adquieren la misma energía que las «fuerzas materiales».

Hegel constituye en la historia del pensamiento filosófico un caso aparte porque en su sistema, de un modo u otro, incluso en la forma de «novela filosófica» se llega a comprender lo que es la realidad, es decir, se tiene en un solo sistema y en un solo filósofo la conciencia de las contradicciones que antes sólo resultaba del conjunto de los sistemas, del conjunto de los filósofos, en polémica entre sí, en contradicción entre sí.

En cierto sentido, la filosofía de la praxis es, por tanto, una reforma y un desarrollo del hegelismo, es una filosofía liberada (o que intenta liberarse) de todo elemento ideológico unilateral y fanático, es la plena conciencia de las contradicciones, con la que el filósofo, entendido individualmente o como grupo social, no sólo comprende las contradicciones sino que se ve a sí mismo como un elemento de la contradicción y eleva este elemento a principio de conocimiento y, por tanto, de acción. El «hombre en general», cualquiera que sea su presentación, es negado y todos los conceptos dogmáticamente «unitarios» son diluidos y destruidos como expresión del concepto de «hombre en general» o de «naturaleza humana» inmanente a todo hombre.

Pero, si hasta la filosofía de la praxis es una expresión de las contradiciones históricas -mejor aún: es su expresión más completa porque es consciente-, quiere decirse que está ligada a la «necesidad» y no a la «libertad», y que ésta no existe y no puede existir todavía históricamente. Por tanto, si se demuestra que las contradicciones desaparecerán se demuestra implícitamente que también la filosofía de la praxis desaparecerá, será superada: en el reino de la «libertad» el pensamiento, las ideas no podrán nacer ya en el terreno de las contradicciones y de la necesidad de lucha. Actualmente, el filósofo (de la praxis) sólo puede hacer esta afirmación genérica y no puede ir más allá: en realidad, no puede evadirse del terreno actual de las contradicciones, no puede afirmar -o sólo puede afirmar genéricamente un mundo carente de contradicciones sin crear inmediatamente una utopía.

Esto no quiere decir que la utopía no pueda tener un valor filosófico, puesto que tiene un valor político y toda política es implícitamente una filosofía, aunque sea inconexa y en esbozo. En este sentido, la religión es la más gigantesca utopía, es decir, la más gigantesca «metafísica» que ha conocido la historia, porque es el intento más grandioso de conciliar en forma mitológica las contradicciones reales de la vida histórica: afirma, en verdad, que el hombre tiene la misma «naturaleza», que existe el hombre en general porque ha sido creado por Dios, es hijo de Dios y, por consiguiente, hermano de los demás hombres, y que se puede concebir así él mismo reflejándose en Dios, «autoconciencia» de la humanidad; pero, al mismo tiempo, afirma que todo esto no pertenece a este mundo sino a otro (utópico). Así fermentan las ideas de igualdad, de fraternidad, de libertad entre los hombres, entre aquellos estratos humanos que no se ven ni iguales, ni hermanos de los demás hombres ni libres frente a ellos. Por esto en todos los movimientos sociales de las multitudes, de un modo u otro, bajo formas e ideologías determinadas, se han planteado estas reivindicaciones.

En este punto se inserta un elemento propuesto por Ilich en el programa de abril de 1917: en el párrafo dedicado a la escuela unitaria y concretamente en la nota explicativa de este párrafo (véase la edición de Ginebra de 1918) se recuerda que el químico y pedagogo Lavoisier, guillotinado bajo el Terror, había sostenido precisamente el concepto de la escuela unitaria en relación con los sentimientos populares de la época, que veían en el movimiento democrático de 1789 una realidad en desarrollo y no sólo una ideología instrumento de gobierno, sacando de aquélla consecuencias igualitarias concretas.[15] En Lavoisier era un elemento utópico (elemento que aparece en todas las corrientes culturales que presuponen la unicidad de la «naturaleza» del hombre), pero para Ilich tenía un significado demostrativo-teórico de un principio político.

Si la filosofía de la praxis afirma teóricamente que toda «verdad» considerada eterna y absoluta ha tenido orígenes prácticos y ha representado un valor «provisional» (historicidad de toda concepción del mundo y de la vida), es muy difícil hacer comprender «prácticamente» que esta interpretación también es válida para la misma filosofía de la praxis sin hacer vacilar el convencimiento necesario para la acción. Es ésta, por otro lado, una dificultad que se presenta en toda filosofía historicista y de ella abusan los polemistas baratos (especialmente los católicos) para contraponer en el mismo individuo el «científico» al «demagogo», el filósofo al hombre de acción, etc., y para deducir que el historicismo lleva necesariamente al escepticismo moral y a la depravación. De esta dificultad nacen muchos «dramas» de conciencia en los hombres ordinarios y actitudes «olímpicas», a la Wolfgang Goethe, en los grandes.

Por esto la proposición sobre el paso del reino de la necesidad al de la libertad debe analizarse y elaborarse con mucha finura y delicadeza.

Por esto también la filosofía de la praxis tiende a convertirse en una ideología en sentido peyorativo, es decir, en un sistema dogmático de verdades absolutas y eternas; especialmente

---

15 Se trata del proyecto de reelaboración del programa del Partido Bolchevique presentado por Lenin a la VII Conferencia del Partido en abril de 1917. El nuevo programa fue aprobado por el VIII Congreso del Partido en marzo de 1929 (nota de los ed. italianos).

cuando, como en el *Ensayo popular,* se confunde con el materialismo vulgar, con la metafísica de la «materia», que no puede dejar de ser eterna y absoluta.

Debe decirse también que el paso de la necesidad a la libertad ocurre en la sociedad de los hombres, no en la naturaleza (aunque podrá tener consecuencias sobre la intuición de la naturaleza, sobre las opiniones científicas, etc.). Se puede afirmar, pues, que todo el sistema de la filosofía de la praxis puede llegar a ser caduco en un mundo unificado y, a la vez, muchas concepciones idealistas, o por lo menos algunos aspectos de éstas, que son utópicas en el reino de la necesidad, pueden llegar a ser «verdad después de la transición, etc. No se puede hablar de «espíritu» cuando la sociedad está dividida en grupos sin llegar necesariamente a la conclusión de que se trata de espíritu de cuerpo (lo cual se reconoce implícitamente cuando -como hace Gentile en el volumen sobre el modernismo[16] se dice, siguiendo las huellas de Schopenhauer, que la religión es la filosofía de la multitud y que la filosofía es la religión de los hombres más selectos, es decir, de los grandes intelectuales); pero se podrá hablar de él cuando se haya producido la unificación, etc.

Economía e ideología.

La pretensión (presentada como un postulado esencial del materialismo histórico) de presentar y exponer todas las fluctuaciones de la política y de la ideología como una expresión inmediata de la estructura debe combatirse teóricamente como un infantilismo primitivo y prácticamente con el testimonio auténtico de Marx, autor de obras políticas e históricas concretas. Al respecto, son especialmente importantes *El 18 Brumario y los* escritos sobre *La cuestión oriental*[17] *y otros (Revolución y*

---

[16] G. Gentile, Il *modernismo e i rapporti tra religione e filosofia,* Bari, Laterza, 1909.
[17] Los artículos publicados en la obra *La, cuestión oriental* fueron escritos en realidad por Friedrich Engels. Para ayudar económicamente a Marx, Engels escribió muchos artículos en «New York Daily Tribune» con la firma de aquél. La hija de Marx, Eleanor Aveling, atribuyó

contrarrevolución en Alemania, La Guerra civil en Francia y otras obras menores). El análisis de estas obras permite fijar mejor la metodología histórica marxista, integrando, iluminando e interpretando las afirmaciones teóricas dispersas en todas las obras.

Podrá verse cuántas cautelas reales introduce Marx en sus investigaciones concretas, cautelas que no podían formularse en las obras generales.[18] Entre estas cautelas se podrían citar las siguientes:

a) La dificultad de identificar en cada caso estáticamente (como una imagen fotográfica instantánea) la estructura; la política es, de hecho, en cada caso el reflejo de las tendencias de desarrollo de la estructura, tendencias que no tienen por qué verificarse necesariamente. Sólo se puede estudiar y analizar concretamente una fase estructural después de que ésta ha terminado todo su proceso de desarrollo, no durante el proceso mismo, a no ser como hipótesis y declarando explícitamente que se trata de hipótesis.

b) De esto se deduce que un determinado acto político puede haber sido un error de cálculo por parte de los dirigentes de las clases dominantes, error que el desarrollo histórico, a través de las «crisis» parlamentarias gubernativas de las clases dirigentes, corrige y supera: el materialismo histórico mecanicista no considera la posibilidad de error sino que cree que todo acto político está determinado por la estructura de modo inmediato, es decir, como reflejo de una modificación real y permanente (en el sentido de adquirida) de la estructura. El

---

más tarde dichos artículos a su padre y publicó algunos de ellos en forma de libro con el titulo general de *La cuestión oriental*. (N. del T.)

18 Sólo se pueden incluir en una exposición metódica y sistemática como la de Bernheim. El libro de éste se podrá tener presente como «tipo» de manual escolar o de «ensayo popular del materialismo histórico», en el cual, además del método, filológico y erudito -al que se atiene Bernheim por cuestión del programa, aunque esté implícita en su exposición una concepción del mundo-, se debería tratar explícitamente de la concepción marxista de la historia.

principio del «error» es complejo: puede tratarse de un impulso individual por cálculo erróneo, o de la manifestación de los intentos de determinados grupos o grupúsculos de asumir la hegemonía en el seno de la agrupación dirigente, intentos que pueden fracasar.

c) No se tiene suficientemente en cuenta que muchos actos políticos se deben a necesidades internas de carácter organizativo, es decir, están ligados a la necesidad de dar coherencia a un partido, a un grupo, a una sociedad. Esto se ve claramente, por ejemplo, en la historia de la Iglesia católica. Si se quisiere encontrar en la estructura la explicación inmediata, primaria, de todas las luchas ideológicas en el interior de la Iglesia, estaríamos frescos: por esta causa se han escrito muchas novelas político-económicas. Es evidente, en cambio, que la mayoría de estas discusiones están ligadas a necesidades sectarias, de organización. En la discusión entre Roma y Bizancio sobre la procesión del Espíritu Santo sería ridículo fundar en la estructura del Oriente europeo la afirmación de que el Espíritu Santo sólo procede del Padre y en la de Occidente la afirmación de que procede del Padre y del Hijo. Ambas Iglesias -cuya existencia y cuyo conflicto dependen de la estructura y de toda la historia han planteado cuestiones que son un principio de distinción v de cohesión interna para cada una de ellas, pero podía haber ocurrido que las dos afirmasen lo que ha afirmado la contraria: el principio de distinción y de conflicto se habría mantenido lo mismo y es este problema de la distinción y del conflicto lo que constituye el problema histórico, no la bandera casual de cada una de las dos partes.

Nota II.
El «asterisco» que escribe folletones ideológicos en «Problemi del Lavoro» (y que debe ser el célebre Franz Weiss) en su divertida letanía *Il dumping russo e il suo significato storico* se refiere,

precisamente, a estas controversias de los primeros tiempos del cristianismo y afirma que están ligadas a las condiciones materiales inmediatas de la época y que si no conseguimos identificar esta relación inmediata es por la lejanía de los hechos o por nuestra debilidad intelectual. La posición es cómoda, pero científicamente irrelevante. En realidad, toda fase histórica real deja huellas en las fases sucesivas, que constituyen en cierto sentido el mejor documento de aquélla. El proceso de desarrollo histórico es una unidad en el tiempo: el presente contiene todo el pasado y del pasado se realiza en el presente lo que es «esencial», sin residuos de un «incognoscible» que constituiría la verdadera «esencia». Lo que se ha «perdido», es decir, lo que no se ha transmitido dialécticamente en el proceso histórico, era de por sí irrelevante, era «escoria» casual y contingente, crónica y no historia, episodio superficial, omitible en última instancia.

Ciencia moral y materialismo histórico.

La base científica de una moral del materialismo histórico debe buscarse, a mi entender, en la afirmación de que «la sociedad sólo se plantea cometidos para cuya solución existen ya las condiciones de realización». Si existen las condiciones, «la solución de los cometidos se convierte en «deber», la «voluntad» se *hace* libre». La moral sería una búsqueda de las condiciones necesarias para la libertad de la voluntad en un determinado sentido, hacia un determinado fin, y la demostración de que existen estas condiciones. Debería tratarse también no de una jerarquía de fines, sino de una gradación de los fines a alcanzar, porque no se quiere «moralizar» a un solo individuo aislado sino a toda una sociedad de individuos.

Regularidad y necesidad.

¿Cómo surgió en el fundador de la filosofía de la praxis el concepto de regularidad y de necesidad en el desarrollo histórico? No parece que se pueda pensar en una derivación de las ciencias naturales; al contrario, parece que se debe pensar en una elaboración de conceptos nacidos en el terreno de la economía política, especialmente en la forma y en la metodología que David Ricardo dio a la ciencia económica. Concepto y hecho de «mercado determinado», es decir, comprobación científica de que determinadas fuerzas decisivas y permanentes han aparecido históricamente, fuerzas cuya acción se presenta con un cierto «automatismo» que permite algún grado de «previsibilidad» y de certeza para el futuro de las iniciativas individuales que consienten a dichas fuerzas, después de haberlas intuido y comprobado científicamente. Por consiguiente, decir «mercado determinado» equivale a decir «determinada relación de fuerzas sociales en una determinada estructura del aparato de producción», relación garantizada (es decir, hecha permanente) por una determinada superestructura política, moral, jurídica. Después de haber comprobado la existencia de estas fuerzas decisivas y permanentes y su automatismo espontáneo (es decir, su relativa independencia respecto al arbitrio individual y a las arbitrarias intervenciones gubernamentales), el científico ha hecho absoluto, a modo de hipótesis, el automatismo en sí, ha aislado los hechos meramente económicos de las combinaciones más o menos importantes en que se presentan realmente, ha establecido relaciones de causa y efecto, de premisa y consecuencia, y ha dado un esquema abstracto de una determinada sociedad económica (y a esta construcción científica realista y concreta se ha ido sobreponiendo a continuación una nueva abstracción más generalizada del «hombre» como tal, «ahistórico», genérico, abstracción que se presenta como la «verdadera» ciencia económica).

Dadas las condiciones en que ha nacido la economía clásica, para poder hablar de una nueva «ciencia» o de un nuevo planteamiento de la ciencia económica (que es lo mismo) se tendría que haber demostrado que se han ido observando nuevas relaciones de fuerzas, nuevas condiciones, nuevas premisas, esto es, que se ha «determinado» un nuevo mercado con un «automatismo» y una fenomenología nuevos y exclusivos, que se presentan como algo «objetivo», comparable al automatismo de los hechos naturales. La economía clásica ha dado lugar a una «crítica de la economía política» pero no parece que, hasta ahora, sea posible una nueva ciencia o un nuevo planteamiento del problema científico. La «crítica» de la economía política parte del concepto de la historicidad del «mercado determinado» y de su «automatismo»; en cambio, los economistas puros conciben estos elementos como «eternos», «naturales»: la crítica analiza realísticamente las relaciones de las fuerzas que determinan el mercado, profundiza en sus contradicciones, valora las posibilidades de modificación conectadas con la aparición de nuevos elementos y con su reforzamiento, y presenta la «caducidad» y la «sustituibilidad» de la ciencia criticada. La estudia como vida pero también como muerte, y encuentra en su interior los elementos que la disolverán y la superarán inevitablemente y presenta el «heredero», que será presunto mientras no dé pruebas manifiestas de vitalidad, etc.

El hecho de que en la vida económica moderna el elemento «arbitrario», sea individual, sea de consorcios, sea del Estado, haya adquirido una importancia que antes no tenía y haya perturbado profundamente el automatismo tradicional no justifica de por sí el planteamiento de nuevos problemas científicos, precisamente porque estas intervenciones son «arbitrarias», de grado distinto, imprevisibles. Se puede justificar la afirmación de que la vida económica ha sido modificada, de que existe «crisis», pero esto es obvio; por otro lado, no está claro que el viejo «automatismo» haya desaparecido: sólo se verifica en una escala mayor que la de antes, en los grandes fenómenos económicos, mientras que los hechos particulares han «enloquecido».

Hay que partir de estas consideraciones para establecer lo que significan términos como «regularidad», «ley», «automatismo» en los hechos históricos. No se trata de «descubrir» una ley metafísica de «determinismo» ni siquiera de establecer una ley «general» de causalidad. Se trata de observar que en el desarrollo histórico se constituyen fuerzas relativamente «permanentes» que operan con una cierta regularidad y un cierto automatismo. Ni siquiera se puede considerar como «ley» de los hechos históricos la ley de los grandes números, aunque sea muy útil como término de comparación. Para establecer el origen histórico de este elemento de la filosofía de la praxis (elemento que es, nada menos, su modo particular de concebir la «inmanencia») habrá que estudiar el planteamiento de las leyes económicas hecho por David Ricardo. Se trata de ver que Ricardo no sólo ha tenido importancia para la fundación de la filosofía de la praxis por el concepto del «valor» en economía sino que ha tenido también importancia «filosófica», ha sugerido un modo de pensar y de intuir la vida y la historia. Parece que hay que identificar como uno de los puntos de partida (uno de los estímulos intelectuales) de las experiencias filosóficas de los fundadores de la filosofía de la praxis el método del «dado que», de la premisa que da una cierta consecuencia. Habrá que ver si David Ricardo ha sido estudiado alguna vez desde este punto de vista.[19]

Se ve que el concepto de «necesidad» histórica se relaciona íntimamente con el de «regularidad» y de «racionalidad». La «necesidad» en el sentido «especulativo abstracto y en el sentido «histórico concreto»: existe necesidad cuando existe una *premisa* eficiente y activa, cuya conciencia en los hombres se ha hecho operativa planteando fines concretos a la conciencia

---

19 Debe verse, también, el concepto filosófico de «azar» y de «ley», el concepto de una «racionalidad» o de una «providencia» que lleva al teleologismo transcendental cuando no transcendente, y el concepto de «azar» como en el materialismo filosófico que «abandona el mundo al acaso».

colectiva y constituyendo un complejo de convicciones y de creencias poderosamente activo como las «creencias populares». En la *premisa* deben contenerse ya desarrolladas o en vías de desarrollo las condiciones materiales necesarias y suficientes para la realización del impulso de voluntad colectiva, pero es evidente que no se puede separar de esta premisa «material», calculable cuantitativamente, un cierto nivel de cultura, es decir, un complejo de actos intelectuales y de éstos (como su producto y consecuencia) un cierto complejo de pasiones y sentimientos imperiosos, esto es, que tengan la fuerza de inducir a la acción «cueste lo que cueste»

Como se ha dicho, sólo por esta vía se puede llegar a una concepción historicista (y no especulativo-abstracta) de la «racionalidad» en la historia (y, por tanto, de la «irracionalidad»).

Conceptos de «Providencia» y de «fortuna» en el sentido en que son utilizados (especulativamente) por los filósofos idealistas italianos y especialmente por Croce: habrá que ver el libro de Croce sobre G. B. Vico, en el cual el concepto de «Providencia» se traduce en términos especulativos y se inicia la interpretación idealista de la filosofía viquiana. Para el significado de «fortuna» en Maquiavelo, debe verse Luigi Russo.[20] Según Russo, el término «fortuna» tiene para Maquiavelo un doble significado, objetivo y subjetivo. La «fortuna» es la fuerza natural de las cosas (es decir, el nexo causal), la concurrencia propicia de los acontecimientos, la Providencia de Vico, o bien es el poder transcendente de que hablaba la vieja doctrina medieval -es decir, Dios- y que para Maquiavelo no es más que la virtud misma del individuo, un poder que tiene la raíz en la propia voluntad del individuo. Como dice Russo, la virtud de Maquiavelo no es ya la virtud de los escolásticos, que tiene un

---

20 Nota de la pág. 23 de la edición de II *Príncipe* publicada en Florencia por F. Le Monnier (nota de los editores italianos).

carácter ético y cuya fuerza le viene del cielo; tampoco es la de Tito Livio, que significa como máximo el valor militar; es la virtud del hombre del Renacimiento, es decir, capacidad, aptitud, industriosidad, potencia individual, sensibilidad, olfato de las ocasiones y medida de las propias posibilidades.

Russo fluctúa en la continuación de su análisis. Para él, el concepto de *fortuna* como fuerza de las cosas, que tanto en Maquiavelo como en los humanistas conserva todavía un carácter naturalista y mecánico, sólo encontrará su verificación y su profundización histórica en la *providencia racional* de Vico y de Hegel. Pero es conveniente advertir que estos conceptos no tienen nunca en Maquiavelo un carácter metafísico, como en los filósofos del Humanismo propiamente dichos, sino que son intuiciones simples y profundas (¡filosofía, por tanto!) de la vida, y se entienden y explican como símbolos de sentimientos.[21]

Un repertorio de la filosofía de la praxis.

Sería utilísimo un inventario critico de todas las cuestiones surgidas y discutidas en torno a la filosofía de la praxis, con amplias bibliografías críticas. El material para esta obra enciclopédica especializada está tan disperso y extendido, es de valor tan distinto, escrito en tantos idiomas que sólo un comité de redacción podría elaborarlo en un tiempo nada breve. Pero una compilación de este tipo tendría una inmensa utilidad tanto en el terreno científico como en el escolar y para los estudiosos libres. Sería un instrumento de primer orden para la difusión de los estudios sobre la filosofía de la praxis y para su consolidación como disciplina científica, separando netamente dos épocas: la moderna y la precedente, la de los aprendices, de los papagayos y de los diletantes periodísticos.

---

21 Sobre el proceso de lenta formación de estos conceptos en el período premaquiavélico, Russo nos remite a GENTILE, *Giordano Bruno e il pensiero del Rinascimento* (cap. «Il concetto dell'uomo nel Rinascimento» y el apéndice), Florencia, Vallechi. Sobre los mismos conceptos de Maquiavelo, cfr. F. ERCOLE *La política di Machiavelli*.

Para elaborar el proyecto habría que estudiar todo el material del mismo tipo publicado por los católicos de los diversos países a propósito de la Biblia, de los Evangelios, de la patrología, de la liturgia, de la apologética, gruesas enciclopedias especializadas de valor diverso, pero que se publican continuamente y mantienen la unidad ideológica de los centenares de miles de sacerdotes y otros dirigentes que constituyen el armazón y la fuerza de la Iglesia católica. (Para la bibliografía de la filosofía de la praxis en Alemania deben verse las compilaciones de Ernest Drahn, citadas por el mismo Drahn en la introducción a los números 6.068-6.069 de la «Reklam Universal Bibliothek».)

Habría que hacer para la filosofía de la praxis lo mismo que Bernheim ha hecho para el método histórico.[22] El libro de Bernheim no es un tratado de la filosofía del historicismo, pero está implícitamente ligado a ella. La llamada «sociología de la filosofía de la praxis» tendría que ser para esta filosofía lo que el libro de Bernheim es para el historicismo en general, es decir, una exposición sistemática de las reglas prácticas de investigación y de interpretación de la historia -y la política-; un compendio de criterios inmediatos, de precauciones criticas, etc.; una filología de la historia y de la política, tal como son concebidas por la filosofía de la praxis. En algunos aspectos habría que someter algunas tendencias de la filosofía de la praxis (las más difundidas precisamente por su tosquedad) a la misma crítica (o tipo de crítica) a que el historicismo moderno ha sometido el viejo método histórico y la vieja filología, los cuales habían llevado a formas ingenuas de dogmatismo y sustituían la interpretación y la construcción teórica por la descripción exterior y la enumeración de las fuentes en bruto, a menudo acumuladas desordenada e inco-

---

[22] E. BERNHEIM *Lehrbuch der Historischen Methode*, sexta edición, 1908, Leipzig, Dunker u. Humblot, traducido al italiano y publicado por el editor Sandron de Palermo [en realidad la traducción era parcial (nota de los redactores italianos)].

herentemente. La gran fuerza de estas publicaciones consistía en aquella especie de misticismo dogmático que se había ido creando y popularizando y que se expresaba en la afirmación injustificada de que eran partidarias del método histórico y de la ciencia.[23]

Los fundadores de la filosofía de la praxis e Italia.
Una antología sistemática de todos los escritos (incluso de las cartas) que se refieren a Italia o tocan problemas italianos. Pero una antología que se limitase a estas obras no sería orgánica y completa. Existen escritos de ambos autores que sin referirse específicamente a Italia tienen un significado para el país, y no un significado genérico, pues de otro modo se podría decir que todas las obras de los dos autores se refieren a Italia. El plan de la antología se podría elaborar de acuerdo con estos criterios: escritos relativos a temas «específicos» de crítica histórica y política, que aunque no se refieran a Italia guarden relación con los problemas italianos. Por ejemplo: el artículo sobre la constitución española de *1812* guarda relación con Italia por la función política que esta constitución tuvo en los movimientos italianos hasta *1848*. También tiene relación con Italia la crítica de *La miseria de la filosofía* contra la falsificación de la dialéctica hegeliana llevada a cabo por Proudhon, que tiene reflejos en los correspondientes movimientos intelectuales italianos (Gioberti, el hegelismo de los moderados, el concepto de revolución pasiva, la dialéctica de la revolución - restauración). Lo mismo puede decirse del escrito de Engels sobre los movimientos libertarios españoles de *1873* (después de la abdicación de Amadeo de Saboya), que también guarda relación con Italia, etc.

---
23 Sobre este tema véanse algunas de las observaciones contenidas en la serie de notas sobre las revistas tipo y sobre un diccionario crítico. [Las notas sobre las revistas tipo se han traducido al castellano en la untología de GRAMSCI, *Cultura y literatura*, Ediciones Península, Barcelona, 1967, pp. 93 ss. (Nota del traductor).]

Quizá no sea necesario publicar toda esta segunda serie de escritos sino que bastará con una exposición crítico-analítica. Quizá el plan más orgánico seria el que se dividiese en tres partes: *a)* una introducción histórico-crítica; b) escritos sobre Italia: c) un análisis de los escritos que guarden relación indirecta con Italia, es decir, que se propongan resolver cuestiones esenciales y específicas también para Italia.

Hegemonía de la cultura occidental sobre toda la cultura mundial.

a) Admitiendo que otras culturas han tenido también importancia y significación en el proceso de unificación «jerárquica» de la civilización mundial (y esto hay que admitirlo sin duda), cabe decir que han tenido valor universal en la medida en que se han convertido en elementos constitutivos de la cultura europea, la única que ha sido histórica y concretamente universal; es decir, en la medida en que han contribuido al proceso del pensamiento europeo y han sido asimiladas por éste.

b) Pero también la cultura europea ha sufrido un proceso de unificación y, en el momento histórico que nos interesa, ha culminado en Hegel y en la crítica del hegelismo.

c) De estos dos primeros puntos resulta que se tiene en cuenta el proceso cultural que se .personifica en los intelectuales; no se habla de las culturas populares, para las cuales no se puede hablar de elaboración crítica y de proceso de desarrollo.

d) Tampoco se habla de los procesos culturales que culminan en la actividad real, como ocurrió en Francia en el siglo XVIII o, por lo menos, sólo se habla en conexión con el proceso culminado en Hegel y en la filosofía clásica alemana, como una testificación «práctica» -en el sentido a que ya nos hemos referido en otro lugar- de la recíproca traducibilidad de los dos procesos: uno, el francés, político-jurídico; otro, el alemán, teórico-especulativo.

e) Con la descomposición del hegelismo se inicia un nuevo proceso cultural, de carácter distinto a los precedentes, es decir, un proceso en el cual se unifican el movimiento práctico y el pensamiento teórico (o intentan unificarse a través de una lucha teórica y práctica).

f) No es relevante el hecho de que este nuevo movimiento haya nacido de obras filosóficas mediocres o que no son, por lo menos, obras filosóficas maestras. Lo relevante es que nace un nuevo modo de concebir el mundo y el hombre y que esta concepción no está ya reservada a los grandes intelectuales, a los filósofos de profesión. sino que tiende a hacerse popular, de masas, con un carácter concretamente mundial, modificando (aunque sea para dar lugar a combinaciones híbridas) el pensamiento popular, la momificada cultura popular.

g) No es de extrañar que este comienzo resulte de la confluencia de elementos diversos, aparentemente heterogéneos: Feuerbach, como critico de Hegel; la escuela de Tubinga como afirmación de la critica histórica y filosófica de la religión, etc. Debe señalarse, más bien, que tamaña transformación no podía dejar de tener conexiones con la religión.

h) La filosofía de la praxis como resultado y coronación de toda la historia precedente. De la crítica del hegelismo nacen el idealismo moderno y la filosofía de la praxis. El inmanentismo hegeliano se convierte en historicismo, pero sólo se hace historicismo absoluto con la filosofía de la praxis, historicismo absoluto o humanismo absoluto. (Equívoco del ateísmo y equívoco del deísmo en muchos idealistas modernos: es evidente que el ateísmo es una forma puramente negativa e infecunda, a menos que no se conciba como un periodo de pura polémica literaria popular.)

Sorel, Proudhon, De Man.

«La Nuova Antologia» del 1 de diciembre de 1928 ha publicado un largo ensayo (de la página 289 a la 307) de George Sorel con el título *Ultime meditazíoni (Scritto postumo inedito).* Se trata de un escrito de 1920 que tenia que servir de prefacio a una antología de los artículos publicados por Sorel en periódicos italianos desde 1910 hasta 1920.[24] El retraso en la publicación del libro no es independiente de las oscilaciones por que ha pasado en Italia el renombre de Sorel -debido a una serie de equívocos más o menos desinteresados-, que hoy está muy de baja: existe ya una literatura antisoreliana. El ensayo publicado por «la Nuova Antologia resume todas las virtudes y todos los defectos de Sorel: es tortuoso, brusco, incoherente, superficial, sibilino, etc., pero da o sugiere puntos de vista originales, encuentra nexos en que nadie había pensado pero que son ciertos, obliga a pensar y a profundizar.

¿Cuál es el significado de este ensayo? Resulta claramente de todo el artículo, escrito en 1920, y constituye una falsificación patente de la nota introductoria de la «La Nuova Antologia» (redactada quizá por el mismo Missiroli, en cuya lealtad intelectual no es bueno confiar), que concluye con estas palabras: «...un escritor que asignó a la Italia de la postguerra la primacía

---

24 La antología ha sido publicada por la editorial Corbaccio de Milán. Ha cuidado de ella Mario Missiroli y su título es *L'Europa sotta La tormenta.* Los criterios aplicados son, quizá, muy distintos de los que se habrían aplicado en 1920, cuando se escribió el prefacio. Sería útil ver si en el volumen se reproducen algunos artículos, como el dedicado a la Fiat y otros. El escrito de Sorel publicado en «Nuova Antologia» no se incluye en el volumen, pese a haber sido anunciado como un prefacio escrito expresamente por Sorel: la selección de los artículos incluidos no permitía, por lo demás, incluir dicho prefacio, que no tiene nada que ver con el contenido del libro. Parece evidente que Missiroli no se ha atenido a las indicaciones que Sorel debió darle para compilar la antología y que se pueden deducir del prefacio descartado. La antología se ha hecho *ad usum delphini* teniendo en cuenta únicamente una de las direcciones del pensamiento soreliano y una dirección, además, que el propio autor no debía considerar como la más importante porque, de otro modo, el «prefacio» habría tenido un tono distinto. La antología va precedida, en cambio, de un prefacio de Missiroli, unilateral y en evidente contraste con el prefacio censurado, al cual, con muy poca lealtad, ni siquiera hace referencia.

intelectual y política en Europa.» A qué Italia? Algo podría decir explícitamente al respecto Missiroli o se podría encontrar en las cartas privadas de Sorel a Missiroli (cartas que deberían publicarse, según se ha anunciado, pero que no se publicarán o no se publicarán íntegras), pero se puede deducir de numerosos artículos de Sorel. Es útil sacar algunas notas de este ensayo, *pro memoria,* porque todo él es muy importante para comprender a Sorel y su actitud después de la guerra:

a) Bernstein ha sostenido[25] que un respeto supersticioso por la dialéctica hegeliana llevó a Marx a desechar las construcciones de los utopistas y a preferir unas tesis revolucionarias muy próximas a las de la tradición jacobina, babeuvista o blanquista; pero entonces no se comprende por qué en el *Manifiesto* no se habla de la literatura babeuvista, que Marx conocía sin duda. Andler[26] es de la opinión de que Marx hace una alusión llena de desprecio a la Conjura de los Iguales cuando habla del ascetismo universal y tosco que se encuentra en las primeras reivindicaciones proletarias después de la Revolución francesa.

b) Parece que Marx no se pudo liberar nunca completamente de la idea hegeliana de la historia, según la cual en la historia de la humanidad se suceden diversas eras, siguiendo el orden de desarrollo del espíritu, que intenta alcanzar la realización perfecta de la razón universal. Añade a la doctrina de su maestro la de la lucha de clases: aunque los hombres sólo conozcan las guerras sociales, en las cuales son impulsados por sus antagonismos económicos, cooperan inconscientemente a una obra que sólo el metafísico conoce. Esta hipótesis de Sorel es muy aventurada y él no la justifica: pero es evidente que le atrae mucho, sea por su exaltación de Rusia, sea por su previ-

---

25 *Socialismo teórico y socialismo práctico,* trad. francesa, pp. 53-54. [El original alemán fue publicado con el título de *Die Voraussetxungen des Sozialismus und die Aufgaben der Soztaldemokratie.* La editorial Claridad de Buenos Aires ha publicado recientemente -1966-, una versión castellana con el título arriba indicado. La traducción es de E.Díaz-Reta (N.del T.)
26 Vol. II de su edición del Manifiesto, p. 191.

sión de la función civil de Italia.²⁷ Según Sorel, «Marx tenía tanta confianza en la subordinación de la historia a las leyes del desarrollo del espíritu, que enseñó que después de la caída del capitalismo la evolución hacia el comunismo *perfecto* se produciría sin que la provocase ninguna lucha de clases *(Carta sobre el programa de Gotha)*. Parece que Marx creía, como Hegel, que los diversos momentos de la evolución se manifiestan en países diversos, cada uno de los cuales está especialmente adaptado a cada uno de los momentos.²⁸ Marx no hizo nunca una exposición explícita de su doctrina; por esto muchos marxistas están convencidos de que todas las fases de la evolución capitalista deben producirse de la misma forma en todos los pueblos modernos. Estos marxistas son demasiado poco hegelíanos»,

c) La cuestión: ¿antes o después del 48? Sorel no entiende el significado de este problema, pese a la literatura existente al respecto (aunque se trate de literatura de baratija) y se refiere al «curioso» (sic) cambio producido en el espíritu de Marx a fines de 1850: en marzo había firmado un manifiesto de los revolucionarios refugiados en Londres en el cual se trazaba el programa de la agitación revolucionaria que había que emprender con vistas a una nueva y próxima conmoción social, programa que Bernstein considera digno del más superficial de los revolucionarios de club²⁹ pero después llegó a la convicción de que la revolución nacida de la crisis del 47 había terminado con aquella crisis. Ahora bien, los años que siguieron al 48 fueron de una prosperidad sin precedentes: por tanto, faltaba para la revolución proyectada la primera de las condiciones necesarias: un proletariado reducido al paro y dispuesto a

---

27 A propósito de esta comparación Rusia-Italia debe señalarse la actitud de D'Annunzio casi coincidente, en los manuscritos que hizo circular en la primavera de *1920*; ¿conoció Sorel esta actitud dannunziana? Sólo Missiroli podría dar una respuesta.
28 Véase el prefacio del 21 de enero de 1882 a una traducción rusa del *Manifiesto*.
29 Socialismo teórico, etc., p. 51.

combatir (cfr. Andler, I, pp. 55-56, pero, ¿de qué edición?). Así habría nacido en los marxistas el concepto de la depauperación creciente: su objetivo era asustar a los obreros e inducirlos a combatir ante la perspectiva de un probable empeoramiento incluso en una situación próspera. (Explicación infantil y contradictoria de los hechos, aunque sea verdad que la teoría de la depauperación creciente se convirtió en un instrumento de esta clase, en un argumento de persuasión inmediata; por lo demás, ¿fue una cosa arbitraria? Sobre el momento en que surgió la teoría de la depauperación creciente debe verse la obra de Robert Michels.)

d) Sobre Proudhon: «Proudhon pertenecía a aquel sector de la burguesía que estaba más cerca del proletariado; por esto los marxistas le han podido acusar de burgués; en cambio, los escritores más sagaces le consideran un admirable prototipo de nuestros (es decir, franceses) campesinos y de nuestros artesanos (cfr. Daniel Halévy en «Débats» del 3 de enero de 1913).» Este juicio de Sorel puede aceptarse. Y he aquí cómo explica Sorel la mentalidad «jurídica» de Proudhon: «A causa de la escasez de sus recursos, los campesinos, los propietarios de las fábricas más pequeñas, los pequeños comerciantes están obligados a defender ásperamente sus intereses ante los tribunales. Un socialismo que se proponga proteger las capas que se encuentran en los escalones más bajos de la economía está naturalmente obligado a atribuir una gran importancia a la *seguridad del derecho;* esta tendencia es particularmente fuerte en aquellos escritores que como Proudhon tienen la cabeza llena de recuerdos de la vida campesina.» Da todavía algunos otros elementos para reforzar este análisis, que no convence del todo: la mentalidad jurídica de Proudhon está ligada a su antijacobinismo, a los recuerdos literarios de la Revolución francesa y del antiguo régimen, que se supone que provocó la explosión jacobina precisamente por la arbitrariedad de la justicia: la mentalidad jurídica es la sustancia del reformismo pequeño-burgués de Proudhon y sus orígenes sociales han contribuido a formarla por otro nexo de conceptos y de sentimientos «más alto»: en este análisis Sorel se confunde con la mentalidad de los «ortodoxos», tan despreciados por él. Lo extraño es que Sorel, teniendo esta convicción sobre la tendencia social de Proudhon, lo exalte y llegue a proponerlo como modelo o fuente de principios para el proletariado moderno; si la mentalidad jurídica de Proudhon tiene este origen, ¿por qué los obreros tienen que ocuparse de la cuestión de un «nuevo derecho», de una «seguridad del derecho», etc?

Al llegar a este punto se tiene la impresión de que el ensayo de Sorel ha sido mutilado y que falta precisamente una parte, la relativa al movimiento italiano de las fábricas: por el texto publicado es posible imaginar que Sorel encontró en el movimiento de las comisiones internas que querían controlar los reglamentos de fábrica y, en general, la «legislación» interna de las fábricas, que dependía únicamente del arbitrio incontrolado de los empresarios, que Sorel encontró en este movimiento, decimos, el equivalente de las exigencias que Proudhon reflejaba para los campesinos y los artesanos. Tal como se ha publicado, el ensayo es incoherente e incompleto; su conclusión, relativa a Italia («Desde hace tiempo, muchas razones me han llevado a suponer que lo que un hegeliano llamaría el *Weltgeist* pertenece hoy a Italia. Gracias a Italia, la luz de los nuevos tiempos no se apagará), no va acompañada de ninguna demostración, ni siquiera con escorzos y referencias, al estilo de Sorel. En la última nota hay una referencia a los consejos de obreros y campesinos de Alemania, «que yo consideraba conformes al espíritu proudhoniano» y un reenvío a los *Materiali per una teoría*, etc. (pp. 164 y 394). Sería interesante saber si el ensayo ha sido mutilado realmente y por quién: si por Missiroli directamente o por otro.

Nota I. *No* se puede comprender a Sorel como figura de «intelectual revolucionario si no se piensa en lo que era Francia después de 1870, del mismo modo que no se puede comprender a Proudhon sin el «pánico antijacobino» de la época de la Restauración. En 1870 Francia vivió dos terribles derrotas: la nacional, que pesó en los intelectuales burgueses, y la derrota popular de la Comuna, que pesó en los intelectuales revolucionarios. La primera creó tipos como Clemenceau, quintaesencia del jacobinismo nacionalista francés; la segunda creó el antijacobino Sorel y el movimiento sindicalista «antipolítico». El curioso antijacobinismo de Sorel, sectario, mezquino, antihistórico, es una consecuencia de la sangría popular de 1871;[30] de ésta viene una curiosa luz para comprender sus *Réflexíons sur la violence*. La sangría de 1871 cortó el cordón umbilical entre el «nuevo pueblo» y la tradición de 1793; Sorel quería ser el representante de esta ruptura entre el pueblo y el jacobinismo, pero no lo consiguió.

Nota II. (...) En ciertos aspectos, Sorel puede compararse a De Man, pero ¡qué diferencia entre ambos! De Man se enreda absurdamente en la historia de las ideas y se deja deslumbrar por las apariencias superficiales; si se puede hacer un reproche a Sorel es, precisamente, en sentido contrario, en el de analizar con demasiada minuciosidad la sustancia de las ideas y de perder a menudo el sentido de las proporciones. Sorel considera que una serie de acontecimientos de la postguerra son de carácter proudhoniano; Croce cree que De Man marca un retorno a Proudhon, pero De Man, típicamente, no comprende los acontecimientos de la postguerra indicados por Sorel. Para Sorel es proudhoniano lo que es creación «espontánea» del pueblo, es «ortodoxo. todo lo que tiene un origen burocrático porque siempre está obsesionado, de un lado, por la burocracia

---

30   Debe verse al respecto la *Lettre d M. Daniel* Halévy en «Mouvement socialiste», 16 de agosto y 15 de septiembre de 1907.

de la organización alemana y, de otro, por el jacobinismo, fenómenos, ambos, de centralización mecánica con las palancas de mando en manos de una banda de funcionarios. De Man es, en realidad, un ejemplar pedante de la burocracia laborista belga: todo es pedante en él, incluso el entusiasmo. Cree haber hecho grandiosos descubrimientos, porque repite con fórmulas «científicas las descripciones de una serie de hechos más o menos individuales: es una manifestación típica de positivismo, que dobla el hecho, describiéndolo y generalizándolo, y convierte luego la formulación del hecho en ley del hecho mismo. Para Sorel, como puede verse por el ensayo publicado en «La Nuova Antología», lo que cuenta en Proudhon es la orientación psicológica, no la actitud práctica concreta (sobre la cual, a decir verdad, Sorel no se pronuncia explícitamente): esta orientación psicológica consiste en la «fusión» con los sentimientos populares (campesinos y artesanos) que pululan concretamente por la situación real en que el ordenamiento económico-estatal ha colocado al pueblo; en la «penetración» en éstos para comprenderlos y expresarlos en forma jurídica, racional; tal o cual interpretación, e incluso el conjunto de ellas, pueden ser erróneas o extravagantes o ridículas, pero la actitud general es la que produce más consecuencias estimables. La actitud de De Man, en cambio, es la del «cientificista: se inclina hacia el pueblo no para comprenderlo desinteresadamente sino para «teorizar» sobre sus sentimientos, para construir esquemas pseudocientíficos; no para ponerse al unísono y extraer principios jurídico-educativos, sino como el zoólogo que observa un mundo de insectos, exactamente igual como Maeterlinck observa las abejas y las termitas.[31]

De Man tiene la pretensión pedante de sacar a la luz y poner en primer plano los llamados «valores psicológicos y éticos» del

---

[31] Cfr. esta tosca concepción del «instinto» de De Man con lo que escribe Marx sobre el instinto de las abejas y sobre lo que distingue al hombre de este instinto.

movimiento obrero. Pero, ¿puede esto significar, como pretende De Man, una refutación perentoria y radical de la filosofía de la praxis? Esto sería como decir que revelar que la gran mayoría de los hombres vive todavía en la fase ptolemaica es refutar la doctrina copernicana o que el folklore debe sustituir la ciencia. La filosofía de la praxis sostiene que los hombres toman conciencia de su posición social en el terreno de las ideologías; ¿es que quizá ha excluido al pueblo de este modo de tomar conciencia de sí mismo? Pero es obvio que el mundo de las ideologías es (en su conjunto) más atrasado que las relaciones técnicas de producción: un negro recién llegado de África puede convertirse en obrero de la Ford, conservando durante mucho tiempo su concepción fetichista y estando convencido de que la antropofagia es un modo normal y justificado de alimentarse. Si se hiciese una encuesta al respecto, ¿qué conclusiones podría sacar De Man? Que la filosofía de la praxis debe estudiar objetivamente lo que los hombres piensan de sí mismos y de los demás es algo que está fuera de toda duda, pero ¿debe aceptar pasivamente como eterno este modo de pensar? ¿No sería éste el peor de los mecanicismos y de los fatalismos? El cometido de toda iniciativa histórica es modificar las fases culturales precedentes, hacer homogénea la cultura en un nivel superior al precedente, etc. En realidad, la filosofía de la praxis siempre ha laborado en el terreno que De Man cree haber descubierto, pero ha laborado en él para innovar, no para conservar supinamente. El «descubrimiento» de De Man es un lugar común y su refutación es un manjar remasticado y poco gustoso.

Paso del saber al comprender, al sentir, y viceversa, del sentir al comprender, al saber.

El elemento popular «siente», pero no siempre comprende o sabe; el elemento intelectual «sabe», pero no siempre comprende y, sobre todo, no siempre «siente». Los dos extremos son, pues, la pedantería y el filisteísmo, por un lado, y la pasión ciega y el sectarismo por otro. No es que el pedante no pueda ser apasionado, al contrario; la pedantería apasionada es tan ridícula y peligrosa como el sectarismo y la demagogia más desenfrenados. El error del intelectual consiste en creer que se puede *saber* sin comprender y, especialmente, sin sentir y estar apasionado (no sólo por el saber en sí sino también por el objeto del saber), es decir, que el intelectual sólo puede llegar a intelectual (no a puro pedante) si se diferencia y se separa del pueblo-nación, o sea, sin sentir las pasiones elementales del pueblo, comprendiéndolas, explicándolas y justificándolas en la determinada situación histórica, y relacionándolas dialécticamente con las leyes de la historia, con una concepción superior del mundo, científica y coherentemente elaborada, el «saber»; no se hace política-historia sin esta pasión, es decir, sin esta conexión sentimental entre los intelectuales y el pueblo-nación. Al faltar este nexo, las relaciones del intelectual con el pueblonación son relaciones de orden puramente burocrático, formal, o se reducen a ellas; los intelectuales se convierten en una casta o en un sacerdocio (llamado centralismo orgánico).

Sólo si la relación entre los intelectuales y el pueblo-nación, entre los dirigentes y los dirigidos -entre los gobernantes y los gobernados- viene dada por una adhesión orgánica en la cual el sentimiento-pasión se convierte en comprensión y, por tanto, en saber (no mecánicamente sino de modo vivo), sólo en este caso, decimos, la relación es de representación y se produce el intercambio de elementos individuales entre gobernados y gobernantes, entre dirigidos y dirigentes, es decir, se realiza la sola vida de conjunto que es fuerza social; se crea el «bloque histórico».

De Man «estudia» los sentimientos populares, no los comparte para guiarlos y conducirlos a una catarsis de civilización moderna: su posición es la del estudioso de folklore que teme constantemente que la modernidad destruya el objeto de su ciencia. Por otro lado, en su libro se percibe el reflejo pedante de una exigencia real: que los sentimientos populares se conozcan y estudien tal como se presentan objetivamente y no que se consideren como algo insignificante e inerte en el movimiento histórico.

Notas

1. Ed. Península, Barcelona, 1967.
2. Tercera edición, 1953.
3. Cfr. al respecto la critica del historicismo gramsciano por Louis Althusser, en *Lire le Capital*, ed. refundida, París, 1968, vol. I, pp. 150-184.
4. Op. cit., p. 151.
5. Cfr. al respecto, Franz Marek, *Gramsci e il movimento operaio dell'Europa occidentale*, en *Prassi rivoluzionaria e storicismo in Gramsci*, cuaderno especial, núm. 3 de «Critica marxista», Roma, 1967, pp. 200-207.
6. En la sesión de apertura, un dirigente demócratacristiano comparó la figura de Gramsci con la de Don Sturzo y en la sesión de clausura otro dirigente de la misma formación política pidió una edición nacional de las obras de Gramsci a cargo del Gobierno italiano.
7 Quizá sea útil, «prácticamente», diferenciar la filosofía del sentido común para indicar mejor el paso de un momento al otro; en la filosofía destacan especialmente los rasgos de elaboración individual del pensamiento; en el sentido común, en cambio, destacan los rasgfos difusos y dispersos de un pensamiento genérico de una cierta época en un cierto ambiente popular.

Pero toda filosofía tiende a convertirse en sentido común de un ambiente, aunque sea limitado (de todos los intelectuales). Se trata, por consiguiente, de elaborar una filosofía que teniendo ya una difusión o una difusividad porque está ligada a la vida práctica y está implícita en ésta, se convierta en un renovado sentido común, con la coherencia y el nervio de las filosofías individuales: esto no puede ocurrir si no se siente constantemente la exigencia del contacto cultural con las «gentes sencillas».

8. Los movimientos heréticos de la Edad media, como reacción simultánea contra el politiquerismo de la Iglesia y contra la filosofía escolástica que fue su expresión, sobre la base de los conflictos sociales determinados por el nacimiento de los Munisicipios, fueron una ruptura entre la masa y los intelectuales en la Iglesia, rupura «cicatrizada» por el nacimiento de movimientos populares religiosos reabsorbidos por la Iglesia con la formación de las órdenes mendicantes y con la creación de una nueva unidad religiosa.

9. Recuérdese la anécdota (contada por Steed en sus Memorias), del cardenal que explica al protestante filocatólico que los milagros de san Genaro son artículos de fe para el pueblo napolitano pero no para los intelectuales, y que incluso en el Evangelio se encuentran «exageraciones». A la pregunta «Pero ¿somos o no cristianos?» el cardenal responde: «Somos «prelados», es decir, «políticos» de la Iglesia de Roma».

10. Se alude probablemente al artículo de D.S. Mirski, *Demokratie und Partei im Bolschewismus*, publicado en la antología *Domokratie und Partei* realizada por P.R.Rohden, Viena, 1932. Glaeser habla de esta antología en Bibliografía Fascista, 1933 (nota de los editores italianos).

11. A este respecto, puede verse Max Weber, *L'etica protestante e lo spirito del capitalismo* publicada en «Nuovi Studi», fascículos de 1931 y ss. (hay traducción castellana publicada dentro de esta misma colección) y el libro de GRoETHUYSEN sobre

los orígenes religiosos de la burguesía en Francia. (Se refiere a *Origines de l'esprit bourgeois en France: 1. L'Eglise et la bourgeoisie*, París, 1927. Nota de los editores italianos.)

12. Cfr. los escritos de G. Vailati (Florencia, 1911) entre ellos *Il linguaggio come ostacolo alla eliminazione di contrasti illusori*.

13. Amadeo Bordiga, ex dirigente comunista, extremista, expulsado más tarde del partido (nota de los editores italianos).

14. Compárese esta afirmación de Feuerbach con la campaña de S. E. Marinetti contra la «pastasciutta» y la polémica de S. E. Bontempelli en defensa de ésta, en 1930, es decir, en plena crisis mundial,

15. Cfr. las notas sobre el carácter de las ideologías.

16. Lenin (N. del T.).

17. En estos últimos tiempos se ha alabado mucho un libro del joven escritor católico francés Daniel Rops, *Le monde sans âme,* Plon, 1932, traducido incluso en Italia, en el cual habría que examinar una serie de conceptos con los que, sofísticamente, vuelven a ponerse en circulación posiciones del pasado como si fuesen de actualidad, etc.

18. Se refiere a la obra de Karl Marx, Zur Kritik der politischen Öekonomie (Contribución a la crítica de la economía política), publicada poor primera vez en Berlín en 1859 (N.del T.)

19. Se deben recordar siempre los dos puntos entre los cuales oscila este proceso: a) que ninguna sociedad se plantea tareas para cuya solución no existan ya o estén en vías de aparición las condiciones necesarias y suficientes; b) que ninguna sociedad desaparece antes de haber expresado todo su contenido potencial.

20. Cfr. el artículo del padre Mario BARBERA en «Civiltà Cattolica» del primero de junio de 1929.

21. W. JAMES, *Le varie forme della esperienza religiosa - Studio sulla natura umana*, trad. italiana de G. C. Ferrari y M. Calderoni, Ed. Bocea, 1904, p. 382.

22. El más eficaz propagador literario de la ideología ha sido Destutt de Tracy (1754-1836), por la facilidad y la popularidad de su exposición. Otro propagador ha sido el doctor Cabanis con su *Rapport du Physique et du Moral* (Condillac, Helvétius, etc., son más estrictamente filósofos). Ligamen entre catolicismo e ideología: Manzoni, Cabanis, Bourget, Taine (Taine es el jefe de escuela para Maurras y otros autores de orientación católica) -«novela psicológica» (Stendhal fue alumno de De Tracy, etc.). La obra principal de Destutt de TRACY es *Éléments d'Idéologie* (París, 1817-18), más completa en la traducción italiana, *Elementi di Ideología. Del conte Destutt de Tracy*, realizada por C. Compagnoni, Milán, Stamperia di Giambattista Sonzogno, 1819 (en el texto francés falta toda una sección, creo que la que trata del Amor, que Stendhal conoció y utilizó gracias a la traducción italiana).

23. N. BUJARIN *La teoría del materialismo histórico. Manual popular de la sociología marxista.* (flota de los editores italianos.)

24. Cfr. *La natura del mondo físico*, ed. francesa, p. 20.

25. «Nuova Antologia» del 1 de noviembre de 1931, en la rúbrica «Scienze biologiche e mediche».

26. Graziadei está atrasado en relación con monseñor Olgiati; éste, en su volumen sobre Marx, no encuentra otra comparación posible que con Jesucristo, comparación que para un prelado es el colmo de la concesión porque cree en la naturaleza divina de Cristo.

27. Friedrich Engels (nota de los editores italianos).

28. Existe una versión española de esta obra: Rodolfo Mondolfo El *materialismo histórico en F. Engels y otros ensayos,* Ed. Raigal, Buenos Aires, 1956. Contiene, en apéndice, el

ensayo *En torno a Gramsci y a la filosofía de la praxis,* publicado en la revista italiana Critica sociales, Milán, marzo-abril de 1955 (N. del T.).

29.. Trotski (nota de los editores italianos).

30. Plejanov G. V., *Osnovnye voprosy marksisma,* San Petersburgo, 1908; reeditado en *Obras (24 vols.) por* el Instituto Marx-Engels-Lenin de Moscú, vol. XVIII. Traducción italiana, *Le questioni fondamentali del marxismo,* por Antonio d'Ambrosio, Milán, I.E.I., 1945 (nota de los editores italianos).

31. Rosa Luxemburg (nota de los editores italianos).

32. El estudio analítico y sistemático de la concepción filosófica de Antonio Labriola podría convertirse en la sección filosófica de una revista de tipo medio («La Voce», «Leopardo», «L'Ordine Nuovo»). Habría que compilar una bibliografía internacional sobre Labriola («Neue Zeit», etc.).

33. Parece que Mondolfo nunca ha abandonado del todo el punto de vista fundamental del positivismo, adquirido como alumno de Roberto Ardigó. El libro del discípulo de Mondolfo, Diambrini Palazzi, *La filosofia di Antonio Labriola* (presentado con un prefacio de Mondolfo) es una demostración de la pobreza de conceptos y de directivas de la enseñanza universitaria del mismo Mondolfo.

34. *El capital,* de Karl *MARX* (nota de los editores italianos).

35. Alusión al escrito de Rosa LUXEMBURG *Stillstand und Fortschritt im Marxismus,* publicado en «Vorwärts» el 14 de marzo de 1903 (nota de los editores italianos).

36. Cfr. la comparación hecha por Hegel de las formas nacionales particulares que asumió la misma cultura en Francia y Alemania en el período de la Revolución francesa, concepción hegeliana que lleva a los famosos versos carduccianos: *«com oposta fe'-Decapitaro, Emmanuel Kant, Iddio - Massimiliano Robespierre, il re».*

37. Cantidad= necesidad; cualidad= libertad. La dialéctica (el nexo dialéctico) cantidad-cualidad es idéntica a la de la necesidad-libertad.

38. Se trata del proyecto de reelaboración del programa del Partido Bolchevique presentado por Lenin a la VII Conferencia del Partido en abril de 1917. El nuevo programa fue aprobado por el VIII Congreso del Partido en marzo de 1929 (nota de los ed. italianos).

39. G. Gentile, Il *modernismo e i rapporti tra religione e filosofia*, Bari, Laterza, 1909.

40. Los artículos publicados en la obra *La, cuestión oriental* fueron escritos en realidad por Friedrich Engels. Para ayudar económicamente a Marx, Engels escribió muchos artículos en «New York Daily Tribune» con la firma de aquél. La hija de Marx, Eleanor Aveling, atribuyó más tarde dichos artículos a su padre y publicó algunos de ellos en forma de libro con el titulo general de *La cuestión oriental.* (N. del T.)

41. Sólo se pueden incluir en una exposición metódica y sistemática como la de Bernheim. El libro de éste se podrá tener presente como «tipo» de manual escolar o de «ensayo popular del materialismo histórico, en el cual, además del método, filológico y erudito -al que se atiene Bernheim por cuestión del programa, aunque esté implícita en su exposición una concepción del mundo-, se debería tratar explícitamente de la concepción marxista de la historia.

42. Debe verse, también, el concepto filosófico de «azar» y de «ley», el concepto de una «racionalidad» o de una «providencia» que lleva al teleologismo transcendental cuando no transcendente, y el concepto de «azar» como en el materialismo filosófico que «abandona el mundo al acaso».

43. Nota de la pág. 23 de la edición de II *Príncipe* publicada en Florencia por F. Le Monnier (nota de los editores italianos).

44. Sobre el proceso de lenta formación de estos conceptos en el período premaquiavélico, Russo nos remite a GENTILE, *Giordano Bruno e il pensiero del Rinascimento* (cap. «II concetto dell'uomo nel Rinascimento» y el apéndice), Florencia, Vallechi. Sobre los mismos conceptos de Maquiavelo, cfr. F. ERCOLE *La política di Machiavelli*.

45. E. BERNHEIM *Lehrbuch der Historischen Metho*de, sexta edición, 1908, Leipzig, Dunker u. Humblot, traducido al italiano y publicado por el editor Sandron de Palermo [en realidad la traducción era parcial (nota de los redactores italianos)].

46. Sobre este tema véanse algunas de las observaciones contenidas en la serie de notas sobre las revistas tipo y sobre un diccionario critico. [Las notas sobre las revistas tipo se han traducido al castellano en la untologia de GRAMSCI, *Cultura y literatura*, Ediciones Península, Barcelona, 1967, pp. 93 ss. (Nota del traductor).]

47. La antología ha sido publicada por la editorial Corbaccio de Milán. Ha cuidado de ella Mario Missiroli y su título es *L'Europa sotta La tormenta*. Los criterios aplicados son, quizá, muy distintos de los que se habrían aplicado en 1920, cuando se escribió el prefacio. Sería útil ver si en el volumen se reproducen algunos artículos, como el dedicado a la Fiat y otros. El escrito de Sorel publicado en «Nuova Antologia» no se incluye en el volumen, pese a haber sido anunciado como un prefacio escrito expresamente por Sorel: la selección de los artículos incluidos no permitía, por lo demás, incluir dicho prefacio, que no tiene nada que ver con el contenido del libro. Parece evidente que Missiroli no se ha atenido a las indicaciones que Sorel debió darle para compilar la antología y que se pueden deducir del prefacio descartado. La antología se ha hecho *ad usum delphini* teniendo en cuenta únicamente una de las direcciones del pensamiento soreliano y una dirección,

además, que el propio autor no debía considerar como la más importante porque, de otro modo, el «prefacio» habría tenido un tono distinto. La antología va precedida, en cambio, de un prefacio de Missiroli, unilateral y en evidente contraste con el prefacio censurado, al cual, con muy poca lealtad, ni siquiera hace referencia.

48. *Socialismo teórico y socialismo práctico,* trad. francesa, pp. *53-54.* [El original alemán fue publicado con el título de *Die Voraussetxungen des Sozialismus und die Aufgaben der Soztaldemokratie.* La editorial Claridad de Buenos Aires ha publicado recientemente -*1966*-, una versión castellana con el título arriba indicado. La traducción es de E.Díaz-Reta (N.del T.)

49. *Vol. II* de su edición del *Manifiesto, p. 191.*

50. A propósito de esta comparación Rusia-Italia debe señalarse la actitud de D'Annunzio casi coincidente, en los manuscritos que hizo circular en la primavera de *1920;* ¿conoció Sorel esta actitud dannunziana? Sólo Missiroli podría dar una respuesta.

51. Véase el prefacio del 21 de enero de 1882 a una traducción rusa del *Manifiesto.*

52. Socialismo teórico, etc., p. 51.

53. Debe verse al respecto la *Lettre d M. Daniel* Halévy en «Mouvement socialiste», 16 de agosto y 15 de septiembre de 1907.

54. Cfr. esta tosca concepción del «instinto» de De Man con lo que escribe Marx sobre el instinto de las abejas y sobre lo que distingue al hombre de este instinto.

www.ingramcontent.com/pod-product-compliance
Lightning Source LLC
Chambersburg PA
CBHW070551050426
42450CB00011B/2821